Chapter 1.
관계

**아무것도 하지 않으면
아무것도 달라지지 않는다**

아무것도 하지 않으면
아무것도 달라지지 않는다

내 인생의 주인이 되기 위한
단 하나의 터닝 포인트

**Nothing
Happens
Unless You
Do
Something**

고윤(페이서스 코리아) 지음

큰숲

일러두기

· 외래어 표기는 국립국어원 외래어 표기법을 따르되 통상적으로 굳어진 단어는 존중했습니다.

· 신문 및 단행본은 《 》, 영화 및 TV 프로그램은 〈 〉로 묶었습니다.

프롤로그

어제와 다른 나를 만나는 1%의 행동력

우연히 보게 된 넷플릭스 다큐멘터리 〈토니 로빈스 : 멘토는 내 안에 있다〉는 내게 신선한 충격을 주기에 충분했다. 그 다큐멘터리를 보고 난 뒤, 그동안 내가 해 왔던 돈과 인생에 대한 고민이 일시에 해결됨과 동시에, 이전에는 이해가 안 됐던 많은 사람의 고민이 이해되기 시작했다. 그렇다. 인간의 삶에서 돈은 너무나 중요하다. 그리고 돈만큼 중요한 삶의 가치들도 있다. 지금도 누군가는 돈 때문에 고통을 느끼고 누군가는 관계 때문에 고통을 느낀다. 고통을 이겨 내면서 삶의 중요한 가치들을 포기하지 않는 힘, 고통을 돌파해 내는 그 힘은 어디에 있을까? 바로 나 자신에게 있다.

이 책은 '나를 뛰어넘는 나'를 발견하도록 돕는다. 그래서 나는 이 책에, 삶의 가장 기본적인 가치관부터 주체적으로 인생을 끌고 가는 바른 리더십까지 함께 담으려 노력했다. 그동안 옳다고 생각했던 방식이 통하지 않았다면, 여전히 해결되지 않는 인생의 문제가 있다면, 이 책을 읽어 보기를 권한다. 나는 어떤 사람이 되어야 하는가? 어떻게 나라는 사람의 단단함이 인생의 모든 어려움을 돌파해 내는가? 여기에 더해 구체적으로 어떤 사람이 되기를 추구해야 하는지 적었다.

무엇을 얻을 것인지에 집중하지 말고 어떤 사람이 될 것인가에 집중해라.

미국 역사상 가장 영향력 있는 강사 중 한 사람인 짐 론Jim Rohn의 말이다. 우리는 더 나은 사람이 되면 더 나은 세상을 경험할 수 있다. 돈을 많이 벌고 싶다면 변화해야 하고, 성공하고 싶다면 변화해야 한다. 많은 사람이 이 사실을 잘 알고 있으면서도 매일 똑같이 불행한 삶을 살아간다. 불행하다고 투덜대면서 어제와 같은 하루를 보낸다. 더 나은 인생을 위해서는 좋은 계기, 터닝 포인트 Turning Point가 필요하다.

나는 지난 2년 동안 약 20만 명의 팔로워와 함께 성장하면서 구체적인 삶의 터닝 포인트를 제시하기 위해 매일 노력했다. '하루 1% 성장', '소유가 날 소유하지 못하게 하라'라는 슬로건으로 매달 약 1,000만 명의 사람이 전국 각지에서 삶을 개척하고 있다. 그렇기에 이 책은 단순한 지식이 아니라, 변화를 이끌어 낸 살아 있는 경험 그 자체이다.

나는 용기를 내어 이 책을 썼다. 그동안 연구하고 배웠던 모든 성공의 이야기들을 담으려 노력했으며, 성공한 사람들의 다양한 사례와 그들의 메시지를 함께 풀어 내려 최선을 다했다. 물론 이 책을 통해 가장 성장한 사람이 있다면 그건 작가인 나 자신일 테다. 2년간의 여정이 시작될 때 아마 가장 부족했던 사람을 순서대로 부른다면 내가 가장 앞에 서 있을 테니까 말이다. 고비마다 나를 수없이 가르친 문장들을 모아 담은 이 책이 당신에게 삶의 방향성을 제시하고 다시 도전할 용기를 주길 진심으로 바란다.

차례

프롤로그 어제와 다른 나를 만나는 1%의 행동력　　　　5

Chapter 1. 관계

꼭 지켜야 하는 관계의 4가지 영역　　　　15
올바른 관계를 위해
부자들이 몰래 노력하는 4가지　　　　21
대화에서 호감을 얻는 4가지 방법　　　　27
적이 없는 사람들의 5가지 말재주　　　　32
곁에 두어야 하는 사람들의 4가지 특징　　　　38
성공한 사람들이 사귀지 않는 4가지 인간관계 유형　　　　42
성공한 리더들이 무조건 지키는 10가지 관계의 법칙　　　　46
인간관계에 실망하는 사람들의 4가지 공통점　　　　58

관계 워크시트
신뢰를 다시 배우는 관계 회복 수업　　　　64

Chapter 2. 성공

성공을 만드는 4가지 본질	71
99%의 사람들이 인생에서 바라는 3가지	77
부자들이 돈을 많이 버는 이유 4가지	80
성공한 부자들이 무조건 경계하는 6가지 마음	85
부자가 되기 위해 가장 먼저 습득해야 하는 5가지 원칙	92
성공하는 인생에 공통적으로 존재하는 11가지 요소	98
성장하지 못하게 만드는 3가지 방해 요소	112

성공 워크시트
'잘사는 삶'에 대한 착각을 버리고, 나만의 성공 정의하기   118

Chapter 3. 마인드셋

성공을 위해 탐구해야 하는 나에 대한 5가지 사실   125

부자, 평범한 사람, 가난한 사람의 마인드 차이   132

극강의 자신감을 만드는 4가지 방법   137

실패가 인생에서 중요한 5가지 이유   142

성공한 사람들의 자아가 단단한 이유   149

열린 사고를 위해 인정해야 하는 4가지 다양성   158

강철 멘털을 만드는 5가지 자기 확언 기술   163

리더가 되기 위해 필요한 5가지 자질   167

마인드셋 워크시트
생각을 바꾸면, 감정도 결과도 달라진다   173

Chapter 4. 행복

부자들이 중요하게 생각하는 5가지   179

성공한 사람들의 24시간에 항상 존재하는 5가지   186

인생을 더 행복하게 만드는 4가지 원칙   193

부정적인 마음의 싹을 잘라 내는 4가지 방법   199

돈과 행복을 모두 얻는 부자들의 4가지 생각   205

행복 워크시트
"행복이란 무엇일까"라는 질문 앞에 머무르기   211

Chapter 5. 시간 관리

시간 관리가 인생을 좌우하는 4가지 이유	217
부자들은 시간을 어떻게 사용하고 있을까	223
부자들과 가난한 사람의 돈에 대한 인식 차이	228
빠르게 성장하는 사람의 5가지 특징	234
성공하는 사람들은 전략적이고 똑똑하게 쉬고 있다	238

시간 관리 워크시트
바쁨 대신 의미로 시간을 채우는 연습   244

Nothing Happens Unless You Do Something

꼭 지켜야 하는 관계의 4가지 영역

성공이란 무엇일까? 성공은 단순히 돈을 많이 버는 것을 의미하지 않는다. 관계를 비롯한 다양한 영역에서 만족감이 수반되어야 진정한 성공이라 할 수 있다. '세계 최고의 라이프 코치'라 불리는 토니 로빈스Tony Robbins는 "만족감이 없는 성공, 그것은 궁극적으로 실패다"라고 말했다. 큰돈을 벌고도 불행하다고 느끼며 반쪽짜리 인생을 살 수도 있다는 것이다. 그렇다면 진정으로 성공한 부자들은 관계를 어떻게 유지하고 있을까? 성공한 부자들이 항상 챙기고 있는 4가지 관계의 영역을 하나씩 살펴보자.

1. 가족

'가족'이 중요한 것을 모르는 사람은 없다. 하지만 가족 때문에 얼마나 많은 사람이 좌절하는지 안다면 아마 깜짝 놀랄 것이다. 그렇다. 가족은 우리에게 힘이 될 수도 있지만 독이 될 수도 있다. 이때 우리가 집중해야 하는 것은 '독'이 되는 가족이 아니라, '힘'이 되는 가족의 존재다. 가족이라 함은, 현재의 가족일 수도 있고 독립해서 새롭게 꾸려 갈 가족일 수도 있다. 중요한 사실은 가족의 물리적, 심리적 지원이 없다면 인생은 너무나 고독한 싸움이 된다는 것이다.

캐나다 토론토대학교 심리학 교수 조던 피터슨Jordan Peterson은 30대가 끝나고 40대로 넘어가면 3가지 요소가 인생을 차지한다고 말했다. 바로 나의 인생, 배우자, 자녀다. 많은 사람이 인생이 변화하는 것을 느끼지 못하며 20대의 삶을 살아가고 있다. 또한, 사랑하는 사람을 말하는 '배우자'와의 관계는 인생의 만족감에 중추적 역할을 한다. 서로 느끼는 깊은 신뢰는 새로운 도전을 향한 의지를 형성하고 포기하지 않게 하는 버팀목이 되어 주기도 한다. '자녀'는 인생의 보람을 담당하는데, 아무리 성공하더라도 자녀가 문제를 계속 일으키면 인생의 문제가 사라지지 않는 것처럼 느껴진다. 자녀와 배우자의 관계는 떼려야 뗄 수 없으니 결국 문제가 나에게도 흘러오게 되는 것이다. 부자들은 가족에 충실하며 살아간다. 가족이라는 발판 위에 본인이 존재한다는 사실을 잘 알고 있기 때문이다.

2. 일터

일터에서의 관계는 많은 사람이 놓치고 있는 영역의 관계이다. 특히 업무적으로 큰 성과를 경험한 사람일수록 아랫사람 대하기를 소홀히 한다. 하지만 부자들은 윗사람과 아랫사람 모두에게 사랑받는데, 나는 이에 대한 한 예시를 직접 경험한 적이 있다.

어머니 친구 중에 우리나라 최고 대기업의 임원으로 재직한 분이 있다. 어느 날 그분은 회사 이야기를 하다가 이런 말을 했다. 아랫사람을 대하는 법과 윗사람을 대하는 법이 다르고, 사람마다 성향도 다르며, 좋은 성과를 만들어 내도록 채찍질하는 방법도 모두 다르다고. 그리고 이렇게 덧붙였다. 그렇게 하나하나 구분하는 것이 힘들다고 해서 내 마음대로 말하고 내가 하고 싶은 말을 쏟아 버리면 관계는 상하게 된다고. 이렇듯 부자들은 "직장에서 이렇게까지 해야 돼?"라는 말을 일축하는 남다른 태도를 가지고 관계를 형성한다. 이것은 회사를 운영하든 사업을 운영하든 동일하게 적용되는 이치이다.

3. 파트너

회사원들에게 무슨 파트너가 있냐고 말할지 모른다. 하지만 많은 트렌드 리포트가 이야기하듯 사회는 나노 사회(공동체 유대를 이루지 못하고 개개인으로 나뉜 사회)로 점점 변해 가고 있다. 당신이 그것을 느끼지 못한다 해도 이미 개개인이 경제력을 창출하는 시대가 도래했다. 이런 상황에서 '파트너'는 동등한 위치에서 서로에게 이득을 주는 존재를 말한다.

부자들은 특히 이 파트너십에 대해 탁월한 생각을 가지고 있다. '연합'이야말로 나를 부자로 만들어 주는 핵심 가치라고 믿으며 그렇기에 좋은 파트너십을 유지하는 것이 중요하다고 믿는다. 좋은 파트너십은 단순히 많이 베푸는 것을 말하는 게 아니라, 서로 시너지 효과를 만들기 충분한 능력을 가지고 평등하게 일하는 것을 말한다. 여기에는 공정함, 공평함, 기브 앤드 테이크와 같은 개념이 크게 작용한다. 장기적으로 그것이 더욱 중요해지기 때문이다. 부자들은 남의 것을 더 가져가려는 사람이 아니라 오히려 동등하게, 혹은 더 낮게 대우하려는 사람들이다. 이런 마음가짐이기에 파트너와의 원활한 관계를 위해 노력하고, 그로 인해 더더욱 부자가 될 수밖에 없는 것이다.

4. 진솔한 친구

혹시 "50대가 넘어가면 친구 1명의 가치가 5억 원"이라는 이야기를 들어 본 적이 있는가? 친구로부터 얻을 수 있는 심리적 가치를 환산하면 5억 원 정도가 된다고 한다. 50대가 된 당신에게는 몇 명의 친구가 남아 있을 거라고 생각하는가? 나이가 들며 자연스럽게 각자의 길을 걷게 되면서 멀어지고, 때때로 불화가 생기기도 한다. 천천히 그리고 자연스럽게 관계는 좁아질 수밖에 없다. 그렇기에 시간이 갈수록 진솔한 대화를 나눌 수 있는 친구가 더욱 중요해지는 것이다.

나는 20대에 평생 갈 것이라고 생각했던 친구 1명을 떠나보냈고, 30대에 1명을 더 떠나보냈다. 물론 새로운 좋은 관계를 만들기도 했지만 어느 순간 깨달았다. 친구 관계를 유지하는 일이 생각보다 쉽지 않다는 것을. 이 사실을 잘 아는 부자들은 진솔한 대화를 나눌 수 있는 친구에게 아낌없이 투자한다. 부자들도 속내를 털어놓고 인간미를 편히 드러내야 하는 순간이 필요한 것이다. 어쩌면 진솔한 친구와의 관계야말로 모든 관계 중 가장 큰 해소감을 주는 관계가 아닐까 싶다. 결국, 진솔한 친구와의 관계를 통해 우리는 삶의 의미를 발견할 수 있다.

올바른 관계를 위해 부자들이 몰래 노력하는 4가지

아래 소개하는 4가지 특징은 누구를 만나든 좋은 관계를 형성하는 부자들의 공통점이다. 겉으로 드러나는 얼굴과 행동이 속마음을 그대로 보여 주는 경우가 많다. 평소 어떤 생각을 갖고 있는지가 어떤 표정과 몸짓을 할지 결정한다. 마음이 곧 말과 행동이다. 관계를 통해 삶을 완성하려는 부자들의 모습을 통해 진정한 관계를 쌓는 비결을 발견해 보자.

1. 비난이나 불평을 하지 않기

부자들은 비난이나 불평을 하지 않는다. 비난은 또 다른 비난을 불러오고 불평은 결국 돌고 돌아 자신에게 돌아오기 때문이다. 그들은 아무리 객관적으로 분명하게 나빠 보이는 사실이라 해도 무턱대고 비난과 불평으로 대하는 대신 신중하게 생각한다. 당신 주변에 가장 불평이 많은 사람을 떠올려 보라. 설령 그의 말이 옳다 하더라도 그와 함께하는 만남은 즐겁지 않다. 게다가 불평 섞인 대화는 문제를 해결하지도 못한다. 불평이 많은 사람은 순식간에 그동안 쌓아 둔 불평을 내뱉는데, 가만히 생각해 보면 그건 일종의 이기심이다. 그런 '프로 불평러'들은 함께 있는 사람들의 마음에 부정적인 씨앗을 심는 게 가장 큰 목표이기에, 자신의 감정 토로에만 충실하다. 결국 타인을 배려하지 않았기에 이기적이라 할 수 있다.

부자들이 특히 조심하는 부분은 바로 험담이다. 앞에서 할 수 없는 말은 절대 뒤에서도 하면 안 된다. 이는 자기 얼굴에 침 뱉는 것과 같다. 부자들이 뒷말을 조심하는 이유는 사실 '신뢰' 때문이다. 남의 험담은 할 때는 즐거웠을지 몰라도 함께 대화한 사람의 마음에 의심을 심어 주게 된다는 사실을 알아야 한다. '내가 없을 때 저 사람도 나의 뒷담화를 하지 않을까?' 결국 신뢰하기 어려운 사람이 될 뿐이다.

부자들이 비난과 불평 대신 활용하는 2가지 기술을 함께 소개하겠다. 첫 번째는 '형편에 대한 공감'이다. 불편을 겪긴 했지만 그럴 수밖에 없는 상황이었다고 이해를 확장한다. 두 번째는 '유익한 교훈으로 삼기'이다. 설령 불평으로 시작하더라도 건설적인 결론으로 끝을 맺는다. 비난하는 사람은 다른 사람을 깎아내려 자신이 더 뛰어나다는 사실을 보여 주고 싶어 한다. 불평하는 사람은 자신이 내뱉는 불평에 상대방이 공감해 주고 자신을 이해해 주기를 바라는데, 그건 결국 해결이 아니라 무조건적인 포용을 바라는 것이다. 이 사실을 잘 알기에 부자들은 비난과 불평 대신 문제를 해결한다. 보통 사람들이 불평하는 시간에 그들은 문제를 해결할 방도를 찾고 있으니 최소 2배 이상 생산적인 활동을 하는 것이 아닐까?

2. 정직하게 말하고 행동하기

모든 부자가 100% 정직하다고 볼 수는 없다. 부자들 중 일부는 다소 정직하지 않은 방법으로 많은 돈을 벌기도 한다. 하지만 성공한 인생을 사는 사람들의 대부분은 정직한 말과 행동을 실천하며 산다. 소위 말하는 '언행일치'가 이루어지는 것이다. 주변을 돌아보면 하나도 정직하지 않고 진정성이 느껴지지 않는데 SNS나 사람들 앞에서만 진실한 척하는 사람들이 너무 많다. 안타깝게도 수많은 사람이 그들을 보며 '저렇게 해야 부자가 되는구나, 저렇게 해야 돈을 버는구나'라고 착각한다. 그것은 단면적으로는 맞는 말일 수도 있다. 타인을 일시적으로 속이는 행동일 테니까 말이다.

이에 대해 조던 피터슨은 거짓말의 폐해를 지적한다. 그는 그럴싸한 모습으로 타인을 속이고 진정성을 해치는 행동은 사실 타인에게뿐만 아니라 본인 스스로에게도 가장 큰 피해를 끼치는 것이라고 말한다. 본인도 그 말에 결국 속아 자신을 깎아내리고 있음에도 인지하지 못하게 된다는 것이다. 진정으로 성공하기를 원한다면 정직한 말과 행동을 꼭 원칙으로 삼기를 바란다. 나폴레온 힐 Napoleon Hill도 저서 《생각하라 그리고 부자가 되어라》에서 마음에 가책이 없는 24시간을 살아야만 숙면이 가능하다고 말한다. 적당히 남을 속이려 들다가는 그 화살을 곧이곧대로 다 맞게 될 수도 있다. 명심하라, 정직한 말과 행동은 성공을 위해 꼭 필요한 원칙이다.

3. 항상 감사를 표현하는 습관 들이기

부자들은 사람들과의 관계에서 항상 감사를 표현하는 습관을 가지고 있다. 화장실 들어갈 때와 나올 때 다르다는 말처럼 내가 많이 급해서 도움을 요청할 때는 감사와 예의를 갖추면서, 정작 도움이 끝나면 나 몰라라 하지 않는가. 감사함의 표현은 그 도움이 시작되고 끝날 때까지, 그리고 끝난 이후에도 계속되어야 한다. 도움받은 게 있다면 그 이후에도 종종 그 사람의 도움을 언급하며 고마워해야 한다. 말하지 않아도 안다고 생각하는 경우가 많은데, 그렇지 않다. 표현하지 않는데 어떻게 알겠는가? 대다수의 사람이 표현해야 안다. 그리고 그걸 좋아한다.

상대방이 나를 도와준 일을 다른 사람에게 설명하는 것 또한 고마움을 표현하는 아주 좋은 방법이다. 이렇게 고마움의 표현을 중요시하는 것은, 확실하게 고마움을 느낄 줄 아는 사람에게만 다시 도움을 주고 싶기 때문이다. 그러니 확실히 표현해야 한다. 고마워할 줄 아는 사람은 작은 것을 소중히 여기는 사람이고, 행운은 그런 사람을 찾아가는 법이다.

4. 보이지 않는 곳에서도 남을 도우려 한다

부자들은 최선을 다해 타인을 도우려는 태도를 가지고 있다. 그렇기 때문에 누굴 만나든 항상 상대의 생각과 문제에 공감하기 위해 노력하며, 이에 따른 해결책이 무엇인지를 고민하고 실행으로 옮긴다. 여기서 중요한 지점이 있다. 바로 이들은 돕는 일에 있어서 누구보다 먼저 나선다는 점이다.

만약 당신이 해외여행을 갔는데, 길을 잃었다 생각해 보자. 서양인들로 가득한 길거리에 홀로 동양인에, 말도 통하지 않는 거리를 걸어 다니고 있다면 어떻겠는가? 어쩌면 누군가는 금방이라도 눈물을 쏟고 말 것이다. 그럴 때 누군가 당신에게 다가와 도움이 필요하냐고 묻고, 목적지까지 손수 안내해 준다면 어떨까? 당신은 그 사람을 오래오래 기억하게 될 것이며, 혹시 그 사람이 난처한 상황에 처하면 발 벗고 나서서 도울 것이다. 바로 이 지점이 부자들이 관계에 사용하는 중요한 기술이다. 누군가의 불편함에 처음으로 손을 내미는 사람이 되어 주고, 자신의 도움을 오랫동안 기억하게 하는 것이다. 부자들은 이 지점을 매우 잘 알기 때문에 빠른 선행을 통해 관계를 이어 나간다.

대화에서
호감을 얻는
4가지 방법

1. 진심을 가지고 완벽하게 경청한다

대화에서 호감을 얻는 사람들은 항상 진심을 다해 경청하려 한다. 이 점이 크게 어렵지 않다 생각될 수 있으나, '완벽한 경청'은 사실 굉장히 힘든 일이다. 상대가 말하는 주제나 메시지에 공감하지 못하거나, 또는 그날의 컨디션에 따라 경청의 자세가 달라지기 때문이다. 그리고 완벽한 경청을 위해서는 대화에 임하는 진심이 무엇보다 중요하다. 문제는 관심을 가지는 '척하는' 사람이 너무 많다는 점이다. 가짜로 관심을 갖는 것과 진짜로 관심을 갖는 것은 다르다. 가짜 관심을 가지는 사람은 말을 하는 사람에게 "나의 말이 옳아"라고 말한다. 하지만 진짜 관심을 가진 사람은 상대방의 말을 끝까지 들어 보고 어떻게 하면 자신이 상대방에게 도움이 될지 고민한다. 자신의 말만 하는 것과 어떻게 진정으로 도움이 될지 고민하는 것은 완전히 다른 태도이다.

사람들은 자신이 생각이나 의견을 말하는 사이에, 듣는 사람이 지루해하거나 집중을 못 하고 휴대폰을 들여다보는 모습을 보면 적극적으로 소통할 의지를 금세 잃는다. 당신이 경청에 얼마나 진심인지에 따라 상대가 당신에게 말할 수 있는 정보의 양은 달라진다. 만약 아주 비밀스러운 정보라면 신뢰하고 잘 들어 줄 수 있는 사람에게만 말할 것이다. 그렇지 못한 사람이라면 당연하게도 정보가 줄어들 것이다. 그렇다면 경청을 위해 어떤 태도를 취해야 할까? 딱 하나만 생각하자. 다른 생각이 머릿속을 떠돌아 다니더라도, 절대 말하고 있는 사람의 눈만은 피하지 마라. 눈을 계속 보고 있다 보면 상대는 당신이 자신의 말에 집중하고 있다고 생각할 것이다. 그리고 그런 당신과 대화를 하는 상대방은 자연히 당신에게 호감을 가질 수밖에 없다.

2. 미소를 짓는다

대화에서 호감을 얻는 두 번째 방법은 항상 미소를 짓는 것이다. 미소에는 상대방이 마음을 열고 호감을 얻게 만드는 힘이 있다. 다만 확실하게 알아야 할 점은 '미소'는 '웃음'이 아니라는 점이다. '웃음'은 즐거운 시간을 공유하는 것이다. 반면 '미소'는 얼굴로 보여 주는 '공감의 제스처'다. 누군가와 눈을 맞추고 이야기하고 있다면 경청하며 가벼운 미소를 지어 주자. 얼굴 근육이 훨씬 자연스러워지고 부드러운 리액션이 흘러나오게 된다. 미소가 훈련되어 있지 않은 사람은 항상 더 어렵게 호감을 얻어야 한다. 미소는 자동으로 호감을 획득하는 일종의 '패시브 스킬Passive Skill'이다.

호감을 얻는 방법으로 미소를 지으라는 말은 뻔하게 들릴지도 모른다. 하지만 실제 대화에서 미소를 잘 활용하는 사람은 별로 없다. 얼굴에 힘을 빼고 가만히 있으면 뾰로통하거나 정색에 가까운 표정이다. 그렇기에 의식적으로 미소를 짓고 활용하는 습관이 중요하다. 완벽한 경청을 한다 하더라도 드러나는 얼굴이 무표정이라면 상대의 호감을 절대 얻지 못한다.

3. 상대의 관심사를 이야기한다

대화에서 호감을 얻는 세 번째 방법은 상대의 관심사를 이야기하는 것이다. 처음 만난 상대에게 호감을 얻기 위해서는 사실 몇 가지 노력이 필요하다. 나의 한 지인은 소개팅을 나가기 전에 소개팅남의 SNS를 면밀히 확인하곤 했다. 그녀가 가장 중점적으로 봤던 부분은 상대방이 페이스북이나 인스타그램에서 어떤 페이지를 팔로우하고 있는지였다. 그렇게 소개팅 전 미리 그가 관심을 가지는 부분에 대해서 짧게나마 연구를 하는 것이다.

전혀 모르는 것에 대한 정보를 단기간에 정확히 파악하는 일이 어렵다고 느낄 수 있다. 하지만 걱정할 필요는 없다. 정보를 엄청나게 많이 알고 있는 것보단, 오히려 얕게 언급해 상대에게 상세한 정보를 말할 기회를 주는 것도 좋은 방법이다. 상대방은 나와 자신이 공통 관심사를 갖고 있으니 친근함을 느끼는 동시에, 잘 모르는 걸 설명해 줌으로써 자신이 만족감을 주고 있다 생각할 것이기 때문이다. 가장 중요한 것은 호흡과 관심사가 비슷해야 한다는 것이다. 공감대를 형성하면서 즐겁게 대화하다 보면 서로에 대한 호감이 커질 수밖에 없다.

4. 노력을 인정하고 칭찬한다

대화에서 호감을 얻는 마지막 방법은 상대의 노력을 인정하고 칭찬하는 태도이다. 성공한 사람들은 상대방의 노력과 그 노력을 통해 얻은 결과를 반드시 인정하고 확실하게 칭찬해 준다. 그들은 상대를 깎아내리고 노력을 폄하하는 것을 좋아하지 않는다. 비록 그 노력의 결과가 실패라 할지라도 그 노력 자체가 그들의 삶에 가치가 있다는 사실을 잘 알기 때문이다.

여기서 가장 중요한 점은 이들은 정말 사소하고 작은 노력도 섬세하게 알아차리고 칭찬한다는 점이다. 심지어 보이지 않는 점까지 언급하며 인정해 준다. 그들은 상대방이 성과를 위해서 보이지 않는 지점에서 많은 노력을 했다는 사실 또한 잘 알고 있기 때문이다. 이런 작은 노력을 알아봐 주면, 상대방은 자신이 섬세하게 이해받는다고 느낀다. 누군가의 노력을 인정해 주고 칭찬해 준다면 그 사람 또한 당신이 하는 수많은 보이지 않는 노력과 결과를 응원해 줄 것이다. 당신이 누군가를 인정함으로써 당신을 지지해 주는 좋은 관계가 생길 수 있다는 사실을 잊지 말아야 한다.

적이 없는 사람들의 5가지 말재주

1. 대화를 시작하기 전부터 상대에게 호감을 가진다

적이 없는 사람들의 말재주 기술 중 첫 번째는, 대화를 시작하기 전 상대방에 대한 호감과 애정을 가지고 출발선에 선다는 점이다. 이전에 그 사람에 대한 어떤 이야기를 들었든 그 사람의 단점보다 장점에 집중하면서 대화하는 것이 좋다. 단점에 집중하다 보면 자연스럽게 경계하는 마음이 커지고, 그 마음은 반드시 상대방의 감정에도 닿기 마련이다. 그렇게 대화를 시작한다면 상대방도 당신에게 도움이 되거나 필요한 생각을 말하지 않게 되고, 솔직한 의견을 말할 수 없게 된다. 그러니 장점에 집중하며 상대방에게 호감을 가지고 대화를 시작하라. 그

대화가 가진 최대한의 장점을 살리는 것이 당신의 시간을 낭비하지 않고 실용적인 대화를 할 수 있는 방법이다.

2. 말다툼에서 다툼을 뺀다

적이 없는 사람들의 말재주 기술 두 번째는 다툼을 위한 대화를 하지 않는 것이다. 가끔 말다툼 중 단어나 표현 방식을 잘못 선택하는 사람들이 있다. 그들은 그냥 자신의 의견을 자유롭게 이야기했다고 말할 수도 있겠지만 잘 생각해 봐야 한다. 과연 소통과 해결을 위한 말다툼이었는지, 그저 싸우기 위한 말다툼이 되고 말았는지. 성공한 사람들이 하는 말다툼의 목적은 감정 소모가 아니라, 궁극적으로는 서로 다른 생각에 대한 합의점을 찾고자 하는 행위이다. 단순히 감정 소모만을 위한 말다툼은 도대체 무슨 의미를 남기는 것일까? 그저 사람을 잃고, 나쁜 기분만 가득 들 뿐 결국 아무것도 해결할 수 없다는 사실을 알아야 한다.

3. 상대의 의견이 무엇이든 존중한다

세 번째 기술은 최대한 상대방의 의견을 잘 듣고 무엇

이든 존중하는 태도를 유지하는 것이다. 종종 상대방이 이상하고 무식한 이야기를 한다는 생각이 들 때가 있을 것이다. 중요한 것은 어떤 생각을 하든 그 사람의 의견을 최대한 존중하는 자세를 가져야 한다는 것이다. 상대방의 의견을 존중할 줄 모르는 사람은 결코 자신의 의견도 존중받지 못한다. 항상 비꼬고 비아냥거리는 걸 즐기는 사람이라 해도 그 사람의 의견을 무시하지 말고 존중하자. 그 의견이 타당하지 않다면 당신이 동조만 하지 않으면 될 뿐이다. 상대방의 의견 자체를 진심을 다해 존중해 줄 때, 당신도 그 사람에게 존중받는 사람이 될 수 있다.

4. 스스로에게 질문하고, 잘못을 빠르게 인정한다

네 번째 기술은 항상 스스로에게 질문을 던지고, 잘못을 인정하는 것에 빠르고 능숙하다는 점이다. 솔직함으로 문제를 해결하는 것도 방법이지만, 문제를 다 공개했을 때 사회적 인식이 나빠질 수도 있다. 상황에 따라 적당한 변명을 하는 '화이트 라이어White Liar'가 될 필요도 있다. 하지만 그 변명을 스스로에게까지 합리화하진 말아야 한다. 자기변명과 자기합리화에 익숙해지면 어느 순간부터 변명을 진실로 받아들이게 되고, 이는 결국 내 삶을 변명투성이로 만들기 때문이다.

중요한 것은 스스로에게 어떤 질문을 던질 것이냐는 점이다. 실제로 얼마나 더 노력할 시간이 있었는지, 얼마나 딴짓을 많이 했는지, 얼마나 많은 유혹에 넘어갔는지, 얼마나 이를 외면하고 있었는지에 대한 질문이다. 이때 중요한 것은 외적 요인을 최대한 배제한 채 오로지 나 스스로에게만 질문을 던지는 것이다. 외적 요인을 배제하지 않으면 우리의 변명은 끊임없이 늘어날 수밖에 없다. 심지어 주변에 있는 한 지인은 정치권과 전혀 상관없는 프로젝트의 무산이 '최순실 게이트' 때문이라 말하고, 몇 년이나 지난 지금까지도 그렇게 믿고 있다. 이는 자신을 변명의 동굴에 가두는 꼴이며, 그 순간부터 그는 그 동굴에서 빠져나오지 못한 채 성장을 멈춰 버린다. 발전하고 싶고, 성장하고 싶다면 반드시 다음과 같이 생각해야 한다.

이뤄질 일은 어떻게든 이뤄진다. 이뤄지지 않았다면 그건 어쩌면 원래 이뤄지지 않았을 일일지도 모른다.

동굴에서 빠져나와 자신에게 올바른 질문을 던져라. 그 질문에 빠짐없이 답을 할 수 있는지 이야기해 보자. 그런 과정을 거치다 보면 자연스레 성장하며 성공에 가까워질 수 있을 것이다.

5. 상대방이 더 많이 말하도록 한다

적이 없는 사람들의 말재주 기술의 마지막은 자신보다 상대방이 더 많은 말을 하도록 만드는 것이다. 종종 자기 이야기를 하는 것에 급급해 상대방의 말을 듣는 걸 잊어버리는 사람들이 있다. 그리고 이런 사람들은 집에 오는 길에 '아차. 요즘 어떻게 지냈는지 물어봤어야 했는데'라든지 '아, 얼마 전에 무슨 고민 있다고 했는데'라는 생각을 뒤늦게 한다. 또 정작 상대방에 대해 질문을 해 놓고는 화제를 전환하여 자기 이야기를 늘어놓다가 대화를 끝내버리는 사람들 또한 존재한다.

적이 없는 사람들은 자신의 이야기를 최대한 자제하고 상대방의 이야기를 귀담아듣는 것에 집중한다. 우리는 많은 사람이 자신의 이야기를 진심으로 들어 주는 사람들에게 큰 호감을 느끼게 된다는 사실을 잘 알고 있다.

자신의 이야기에 빠져 상대방의 생각을 듣는 것을 놓치는 실수를 저지르지 말아야 한다. 내가 이야기를 잘 들어줄수록 상대방은 나를 더욱 신뢰하게 된다. 그러한 신뢰를 통해 더 많은 생각과 고민, 그리고 아이디어를 나누게 되는 것이다. 정성스럽게 들어 주는 것은 대화의 기본 태도이자 주변의 적이 없는 사람이 되기 위해 필요한 중요한 태도이다.

곁에 두어야 하는
사람들의
4가지 특징

1. 꿈에 공감한다

반드시 당신 곁에 두어야 하는 사람의 첫 번째 특징은 꿈에 공감해 주는 것이다. 당연하게도 특정한 꿈에 반대하는 사람은 항상 존재하며, 그 반대를 이겨 내야만 진정한 성공의 길에 들어설 수 있다. 만약 주변에 당신의 꿈에 반대하는 사람밖에 없다면 당신은 좌절할 것이고, 그 좌절은 어쩌면 다신 꿈을 꾸지 못하게 할지도 모른다. 꿈을 이룬다는 것은 원래 어렵다. 게다가 주어진 현실보다 더 어려운 것이 꿈꾸는 일일지도 모른다. 그런 힘든 일에 반대하는 사람까지 많아진다면 그건 당신을 더욱 힘들게 할 것이다. 그러니 당신의 꿈에 동조하고 공감해 줄 사람을 항상 옆에 두어야 한다. 그래야 꿈을 이루는 힘겨운 과정을 향한 당신의 노력이 더욱 탄력을 받게 될 것이다.

2. 항상 긍정적인 대화를 만들어 낸다

곁에 두어야 하는 사람의 두 번째 특징은 꿈의 가능성을 본다는 것이다. 곁에 두기 좋은 사람, 아니 어쩌면 당신의 좋은 동료가 될 수 있는 사람은 항상 가능성에 대해 이야기한다. 이들은 현실적인 지점을 짚는 동시에 작은 가능성이라도 놓치지 않고 언급한다. 보통 부정적인 생각으로 가득 찬 사람은 밑도 끝도 없이 부정적인 시선으로만 이야기하기 때문에 당신의 동기부여에도 악영향을 끼쳐서 새로 도전할 용기를 꺾는다. 그런 사람은 옆에 두어 봤자 성공에 아무런 도움이 되지 않는다.

3. 미래형으로 이야기한다

당신 곁에 두어야 하는 사람의 세 번째 특징은 항상 미래형으로 이야기한다는 것이다. 우리 주변에는 3가지 화법을 가진 사람들이 있다. 과거에 대해 이야기하는 사람, 현재에 대해 말하는 사람, 그리고 미래를 이야기하는 사람이다. 이 중 미래에 대해 말하는 사람을 주목해 볼 필요가 있는데, 이들에게는 하나의 공통점이 존재한다. 그들은 하나같이 도전적이고, 계획적이며, 하고 싶은 일이 있는 사람들이다. 그렇기에 우리는 미래형으로 말하는 사람을 옆에 두는 것이 중요하다 말한다. 과거형으로 말하는 사람들이 모두 그렇다는 것은 아니지만, 과거에 사로잡혀 사는 사람들은 추억에만 빠져서 현재에 대해서는 불평만 하는 경우가 많다. 미래형으로 말하는 사람들과 함께 건설적인 대화를 하는 것은 꿈꾸는 미래를 앞당기는 지름길이다.

4. 균형 잡힌 관점을 제시한다

마지막으로 반드시 당신 곁에 두어야 하는 사람은 균형 잡힌 관점을 지닌 사람이다. 이러한 사람의 존재는 수많은 결정을 할 때 큰 도움이 된다. 마냥 이상적으로 바라보기만 하는 것도, 마냥 현실적인 부분만 따지는 것도 어쩌면 성공의 관점에서는 결코 좋은 시선은 아니다. 다양한 부분에서 치우치지 않은 관점을 제시하는 사람은 나에게 이로운 방향이 무엇인지를 적극적으로 고민하고 도움을 주려 노력한다. 무엇보다 내가 잘못된 길로 가는 것을 알려 주기도 하고, 망설여지는 길을 걸을 때 얻는 가능성을 말해 주기도 한다. 이런 균형 있는 시선을 가진 사람은 내 옆에 꼭 두어야 하는 사람 중 1명임을 명심해야 한다.

성공한 사람들이 사귀지 않는 4가지 인간관계 유형

1. 무조건 안 된다고 말하는 사람

성공한 사람들은 안 된다고 말하는 사람과 가까이하지 않는다. 주변을 보면 안 된다는 말을 습관적으로 하는 사람들이 있는데, 이들은 당신뿐만 아니라 자기 자신에게도 안 된다고 말하는 사람들이다. 이들은 미래를 그리지 못하고 당장 자신이 현재 안정적인 것에 대해 만족하며 유지하려는 성향이 강하다. 앞으로의 미래를 그리지 못하는 사람과 함께 있다 보면 결국 그 사람은 당신의 발목을 잡게 될 것이다. 성공한 사람들에게 건강한 관계란, 서로가 줄 수 있는 것이 분명하고 함께 일할 수 있는 능력이 갖춰졌다는 것을 의미한다. 하지만 부정적이기만 한 사람은 가능성을 보지 못한 채 자신이 현실적이라 착각하며 그 세계에 자신을 가두고 만다. 이러한 사람은 결코 함께하기 좋은 동료가 될 수 없다.

2. 쉽게 판단하는 사람

성공한 사람들은 여러 지점을 너무 쉽게 판단하는 사람과 관계를 깊게 가지지 않는다. 세상에서 가장 멍청한 사람은 자신이 다 안다고 생각하는 사람이라는 점을 반드시 인지해야 한다. 자신이 다 안다고 믿는 사람만큼 당신에게 위험한 사람은 없다. 실제로 지식인이나 성공한 부자들 중에는 겸손한 사람들이 많다. 이들이 겸손할 수 있는 이유는 아마도 배움에는 끝이 없다는 사실을 스스로 깨달았기 때문일 것이다. 본인이 다 안다고 생각하는 사람은 자기중심적 사고에 빠져 있을 가능성이 높다. 자신의 생각이 전부라고 믿기에 새롭고 창의적인 일을 쉽게 논의할 수 없을 뿐만 아니라, 궁극적으로 이들은 도전을 즐기지 않는다. 우리가 성공을 위한 방법의 하나로 끊임없는 도전을 이야기해 왔다는 점을 잊지 말기 바란다.

3. 노력을 가볍게 여기는 사람

성공한 사람들은 노력의 가치를 폄하하거나 가볍게 말하는 사람과 가까이하지 않는다. 앞서 말했듯 충분한 지식을 갖추지 못한 사람이 스스로 많이 안다고 착각하는 경우가 종종 있는 것처럼 노력 또한 같은 맥락으로 이해할 수 있다. 노력하는 것만큼 대단한 일은 없다. 하지만 노력을 가볍게 생각하는 사람은 궁극적으로 노력이 얼마나 대단한 힘을 발휘하는지 경험해 보지 못한 사람들이다. 결국 자신이 노력해 보지 않고 우연이나 운으로 얻은 성취를 세상 모든 성취의 전부라 믿으며 타인의 노력을 폄하하는 것이다. 우리는 노력을 통해 얻은 것과 운 좋게 얻게 된 것을 잘 구분할 필요가 있다. 가끔 이걸 구분하지 못한 채 노력을 가볍게 여기는 사람이 있다면 그 사람은 꼭 피하도록 하자. "노력 없이 성공을 얻은 사람은 없다"라는 명언을 반드시 뼈에 새겨야만 한다.

4. 현실에 안주하는 사람

마지막으로 성공한 사람들은 지금 처한 현실에 안주하는 사람과 깊은 관계를 맺고 싶어 하지 않는다. 성공한 사람들에게 함께할 만한 사람이라는 인상을 주는 것은 굉장히 중요하다. 그렇다면 만약 당신이 성공한 사람이라면 어떤 사람과 어울리고 싶을까? 머릿속에 다양한 사람들이 떠오르겠지만 사람들이 대체로 선호하는 성공한 사람의 모습은 금수저를 물고 태어난 사람보다 스스로 현실의 벽을 뛰어넘어 뛰어난 가치를 이뤄 낸 사람이라는 사실에는 이견이 없을 것이다. 당신도 이와 동일하다. 당신의 지금 현실은 당신이 원하는 삶과 다르겠지만 끝내 당신이 바라는 자신은 수많은 장애물을 뛰어넘어 목표를 이뤄낸 모습일 것이다. 그러니 당연히 당신에게는 현실을 뛰어넘는 사고와 발상, 그리고 태도가 필요하다. 성공한 사람들은 결코 현실에 안주하는 사람과는 동료가 되려 하지 않는다. 현실에 안주하는 것은 결국 달려가는 모두에게 뒤처지는 일이라는 점을 우리는 잊지 말아야 한다.

성공한 리더들이

무조건 지키는

10가지 관계의 법칙

1. 결점은 조심스럽게 지적한다

좋은 리더는 상대의 결점을 지적하는 일에 아주 조심스럽다. 종종 결점을 잘못 지적하는 리더들이 있다. 결점을 있는 그대로 다 말하는 것이 솔직한 태도이고 하나의 스타일이라 생각하며, 이를 유지하려는 리더들이 존재한다. 리더이기 때문에 그렇게 해도 된다고 생각하지만 이는 리더라는 지위만 중시하고 팀이라는 단위를 고려하지 않는 잘못된 생각이다. 결점을 지적하는 것은 업무와 자존심을 한 번에 건드리는 치명적인 행동이다. 이는 업무의 효율과 능률을 떨어뜨리는 일이니, 쉽게 생각해서는 안 된다. 가장 중요한 것은 좋은 성과를 향해 팀을 잘 이

끌어 가야 한다는 사실이다. 좋은 리더는 그래서 상대의 결점을 지적할 때 여러 가지 가능성과 경우를 생각하며 조심스럽게 행동한다. 결국 자신이 성과를 위해 뽑은 사람이고, 그 사람은 절대로 자신이 생각하는 대로 움직일 수도 없으며, 무결점의 사람이란 존재하지 않는다는 사실을 잊지 말아야 한다.

2. 사소한 실수는 알아서 덮거나 처리해 준다

성공한 리더는 사소한 실수는 알아서 덮거나 처리한다. 좋은 리더는 팀원을 관리하는 동시에 책임을 지기 때문이다. 가끔 보면 마이크로 매니지Micromanage(관리자가 팀원의 업무에 지나치게 간섭하고 통제하는 행위) 스타일의 리더들이 팀원들의 사소한 잘못까지 들추어내는 경우가 있다. 하지만 그건 절대 팀원을 위한 행동이 아니다. 사소한 실수는 기꺼운 마음으로 덮어 줘야 한다. 가능하다면 그 팀원의 실수까지 내가 짊어지는 것이 좋다. 사람들은 그런 당신을 더 리더십 있는 존재로 여기게 될 것이다.

한때 유명했던 TV 예능프로그램 장면이 있다. 직장 상사가 실수한 직원에게 찾아와 "너 이럴 줄 알았다"라고 말하며 질타를 했다. 그러자 직원은 "그럴 줄 알았으면 미리 알려 주지, 왜 안 알려 줘!"라고 반항하는 코믹한 장면이었다. 같은 상황에서 아마 좋은 리더는 직원의 사소한 실수를 미리 캐치하지 못한 자신의 잘못도 있다는 점을 분명히 인정할 것이다. 리더로서 높은 자리에 앉는다는 것은 책임을 진다는 의미이다. 그렇기에 팀원을 감싸고 함께 문제를 해결하려 노력해야 하는 것이다.

3. 자신의 실수를 먼저 언급한다

성공한 리더의 또 다른 특징은 타인의 실수를 언급하기 전에 자신의 실수를 먼저 언급한다는 점이다. 비록 자신의 실수가 직원이 한 실수에 비해 매우 사소한 것일지라도 이를 먼저 언급하면서 문제에 대한 수평적 관계를 유지하려고 노력한다. 이는 단순히 대화를 이끌어내서 문제를 해결하고자 하는 것 이상으로 큰 의미가 있다. 이러한 리더가 꼭 필요한 이유는 결국 자신이 실수를 하지 않았더라도 본인의 부족함을 드러내는 용기를 가지고 있기 때문이다. 대다수의 사람은 자신의 약점이나 부족함을 드러낼 용기가 부족하다. 용기가 부족하면 문제가 발생했을 때 숨기기 급급하고, 숨기는 것에 익숙해진 사람들은 자연스럽게 더 나은 방향으로 나아갈 수 없게 된다. 이는 자신의 성장에도 방해가 될 뿐만 아니라 팀 관계의 발전에도 악영향을 끼칠 가능성이 크다. 용기를 내는 태도야말로 더 좋은 대화와 해결을 끌어낼 수 있다는 걸 기억하자.

4. 명령하지 않고 질문한다

성공한 리더는 결코 명령하지 않고 끊임없이 질문한다. 대화에서 질문은 상당히 중요한 부분을 차지한다. 단순하게 우리가 소개팅 자리에서 처음 본 상대와 질문을 주고받는 상황만 생각해 봐도 좋다. 어떤 질문을 어떻게 하느냐에 따라 상대방은 마음을 열고 말을 하기도 하고, 동시에 마음의 문을 닫고 자신의 속내를 숨기기도 하는 것이다. 이렇듯 리더에게 질문은 상대의 의견을 들을 수 있고, 동시에 몰랐던 그 뒤의 노력도 알 수 있는 매우 좋은 기회다. 질문을 잘하면 상대방에게 관심이 있다는 것을 전할 수 있는 동시에, 자신이 하고 싶은 이야기와 전하고 싶은 생각이 질문을 통해 은연중에 전달된다. 상대방은 질문을 듣고 대답을 생각하면서 그런 리더의 심중을 깨닫게 된다. 종종 명령을 통해 생각을 전달하는 데 익숙해져 있는 리더들이 있다. 이 방법은 매우 손쉽다는 장점이 있지만, 반대로 상대방이 스스로 생각하고 깨닫게 하기보단 수동적으로 정보를 입력해 버리게 만드는 큰 단점을 가지고 있다.

좋은 생각은 결코 손쉽게 전달되지 않는다는 사실을 기억해야 한다. 무엇보다 수동적인 입력을 유도하는 명령은 어쩌면 상대방으로 하여금 자신의 생각을 말하고 싶지 않게 만들고, 더 나은 발전 방향을 고민하지 않게 만든다. 수동적인 사람이 아니라 적극적으로 회사를 위해 일할 사람을 원한다면 명령 대신 질문을 해야 함을 명심하자.

5. 작은 성장도 아낌없이 칭찬한다

성공한 리더의 또 다른 관계 법칙은, 아주 사소하고 작은 성장에도 칭찬을 아끼지 않는다는 것이다. 아마존의 대표가 허름한 사무실에 보드 마카로 '아마존'이라는 글자를 적어 두고 열심히 일을 하는 사진을 본 적 있는가?

보지 못한 사람들이 있다면 꼭 한번 찾아보기를 바란다. 리더들은 자신의 올챙이 시절을 알고 있다. 그리고 자신이 한 걸음 한 걸음 작은 성장을 통해 지금의 위치에 올라왔다는 사실을 잘 알고 있다. 동시에 별 볼 일 없는 작은 성과에 대한 칭찬을 받았을 때 얼마나 행복했는지도 잘 기억하고 있을 것이다. 그들 또한 작은 성장을 위해 노력과 시간을 쏟아부으면서 살아왔기 때문이다.

누구나 시행착오를 많이 겪을 수밖에 없다. 좋은 리더는 이 시행착오 속에서 성장하는 직원들에게 아낌없이 칭찬하기를 좋아한다. 이들 또한 자신처럼 여러 시행착오를 겪으며 노력했다는 걸 잘 알기 때문이다. 성공한 리더는 직원들의 작은 성공이 결국 회사에 큰 성공을 불러올 것을 잘 알고 있기에, 직원들에게 항상 아낌없는 칭찬을 해 준다.

6. 확실하고 단순한 로드맵을 제시한다

성공한 리더는 확실하고 단순한 로드맵을 제시하려 노력한다. 만약 당신이 무언가 잘 알고 있다는 생각이 든다면 그것에 대해 누군가에게 꼭 설명해 보도록 하자. 상대방이 지루함과 의아함을 느끼지 않는지 확인하는 시간을 가지는 것이다. 만약 상대가 잘 이해하지 못하거나 설명을 복잡하게 느낀다면 그 지식은 결코 당신의 것이 아니다. 정확히 말해 당신은 그것에 대해 잘 알고 있지 않을 가능성이 높다. 현대 자본주의 사회에서는 상품이든, 지식이든, 그것을 필요로 하는 소비자가 존재할 때 그 가치가 생긴다. 그리고 소비자는 자신도 이해하지 못할 어렵고 복잡한 존재를 구매하거나 가까이 두고 싶어 하지 않는다. 정확히는 그것이 내게 칼로 다가올 것인지, 꽃으로 다가올 것인지 알지 못하기 때문에 두려움을 느끼는 것이다. 그래서 좋은 콘텐츠의 핵심은 '쉽게 요약될 수 있다'이다.

한때 세계를 강타했던 넷플릭스 시리즈 〈오징어 게임〉을 봤는가. 만약 〈오징어 게임〉을 보지 않은 사람에게 이 드라마의 줄거리를 설명한다고 생각해 보자. '456억 원의 상금이 걸린 의문의 서바이벌에 참가한 사람들이 최후의 승자가 되기 위해 목숨을 걸고 극한의 게임에 도전하는 이야기'라는 한 문장으로 요약할 수 있을 것이다.

종종 리더는 직원들에게 회사의 미래와 가치를 설명하

는 일에 많은 시간을 투자해야 하는 경우가 있다. 그러나 구구절절 길게 설명하지 말아야 한다. 단순하고 명료하게, 확실한 로드맵을 제시해 주는 리더야말로 진정으로 좋은 리더이다.

7. 상대의 체면을 세우며 좋은 평판을 만들어 준다

성공한 리더는 상대의 체면을 세우고 좋은 평판을 만들어 주기 위해 노력한다. 그간의 공로를 치하하고 잘하는 부분이 있으면 짚어 주는 일은 직원들의 동기부여에 굉장히 중요한 부분을 차지한다. 특히나 칭찬할 때 다른 사람들 앞에서 그 사람의 장점이나 능력을 칭찬하는 방법은 더욱 큰 동기를 부여하는 데 효과가 뛰어나다. 만약 그렇게 한다면 직원들은 자신이 이 회사에서 중요한 사람임을 깨닫게 되고 책임감을 가지게 되기 때문이다.

반면 나쁜 리더는 이러한 작은 성과를 무시하고 더 나아가 직원들의 평판에도 관심을 가지지 않으며 오히려 그들을 깎아내리는 데 급급하다. 회사 생활을 하는 주변의 여러 사람을 보면 대다수가 회사의 업무에 힘들어하기보다 함께 회사를 다니는 사람들, 그리고 그들이 자신에게 씌운 평판에 고통받는 경우가 많다. 우리가 하는 일은 결국 모두 사람이 하는 일이고, 모두가 그 안에서 평판을 굉장히 중요하게 여긴다는 점을 잊지 말아야 한다. 좋은 리더십을 가진 사람은 함께하는 사람들의 평판까지도 신경을 쓰는 사람이다.

8. 격려를 통해 단점도 고치게 한다

성공한 리더는 호통보단 격려를 통해 단점을 고치게 한다. 우리 모두 다 단점이 있다. 번듯해 보이는 여느 회사나 단체의 리더들 또한 모두 단점이 존재한다. 좋은 리더와 나쁜 리더를 나누는 가장 결정적인 기준은 자신이 가지고 있는 단점을 어떻게 장점으로 바꿀 것인가 고민하고, 고치려 노력하는가의 여부다. 이는 리더가 자신의 사람을 대하는 태도와도 매우 유사하다. 당신이 지닌 단점을 그저 부정적인 부분으로만 보고 깎아내리는 리더가 있는가 하면, 단점을 고쳐서 긍정적인 성장의 길로 갈 수 있다고 보는 리더도 있다. 후자와 같은 리더와 함께한다면 당신은 아마도 훨씬 더 빠르게 성장할 수 있을 것이다. 단점을 쉽게 고치는 사람만큼 빠르게 성장할 수 있는 사람이 또 있을까? 성공하는 리더는 그 품 안에서 수많은 인재를 배출할 능력을 가지고 있다.

9. 일을 즐겁게 하도록 만든다

성공한 리더는 일의 즐거움을 만들기 위해 많은 노력을 한다. 간혹 일을 즐겁게 하는 사람들을 보며 어떻게 그럴 수 있냐고 묻는 사람들이 있다. 우리가 흔히 생각하기에 일이라는 것은 즐거움과 거리가 멀다. 일을 자아 실현의 목적으로 하기보다 수익을 얻기 위해 억지로 하는 경우가 많기 때문이다. 하지만 좋은 리더는 일 안에서도 최소한의 즐거움을 찾을 수 있도록 노력한다. 그 일에 의미를 부여하고, 동시에 그 일을 하는 사람의 가치를 높여 주며, 나아가 회사와 직원들의 미래를 함께 이야기하면서 즐거움을 찾아 주려 노력한다.

물론 한쪽에서는 그저 일은 당연히 힘든 것이라고 여기면서 직원들을 더 힘들게 만드는 리더도 있다. 이는 자신이 좋은 리더가 아님을 스스로 증명하는 것일 뿐이다. 대단한 즐거움을 찾기 위해 노력하라는 말이 아니라 최소한의 즐거움을 주기 위해 노력하라는 말이다. 리더는 각자가 원하는 즐거움을 파악하고 업무를 편하게 진행할 수 있게 도와줘야 한다. 편안함만으로도 큰 즐거움을 선사할 수 있다는 걸 기억하기를 바란다.

10. 각자의 방식을 존중해 준다

성공한 리더가 반드시 지키는 관계 법칙 중 하나는 자신의 방식만을 강요하는 대신 개개인의 방식을 존중하는 것이다. 성공한 사람들은 성공의 길이 단 하나라고 말하지 않는다. 성공의 길은 성공한 사람들의 이야기만 들어 봐도 제각각 다 다르기 때문이다. 좋은 리더는 절대 자신의 성공 방법만 상대방에게 강요하지 않는 동시에, 직원이 가진 강점과 그가 스스로 깨달은 방식을 존중하려 노력한다. 더 나아가 그 방식이 자신의 방식보다 더 낫다고 생각되면 역으로 팀원에게 이를 배우려 노력하기도 한다.

모두 자신의 꿈을 위해 달려가는 사람들이고, 그들에게는 각자의 패턴이 있다. 자연스럽게 형성된 강의 흐름을 억지로 바꾸려 한다면 큰 침식을 초래할 수 있다는 사실을 떠올리기를 바란다. 이는 직원들도 마찬가지다. 좋은 리더로서 다양성을 이해하는 사람이 되고 싶다면 직원들이 지닌 각자의 방식을 존중해야 한다. 서로 다른 방식이 궁극적으로는 회사에 성공을 안겨 줄 것이다.

인간관계에 실망하는 사람들의 4가지 공통점

1. 상대방에게 기대를 많이 한다

인간관계에 실망하는 사람들의 첫 번째 특징은 상대에게 많은 기대를 한다는 것이다. 우리는 살면서 너무 큰 기대를 했다가 실망하는 경험을 종종 한다. 예를 들어 재밌어 보이는 예고편을 보고 기대감을 가득 안고 영화관에 들어갔다 실망하고 나오는 경우나, SNS에 올라오는 식당 리뷰를 보고 줄을 서서 먹었다가 실망하는 경우가 그런 것이다. 관계도 이와 매우 유사하다. 사람에게 너무나도 큰 기대를 가지면 우리는 그 사람의 사소한 단점에도 실망을 느낄 수밖에 없다. 너무 큰 기대는 오히려 인간관계를 망치는 독이 된다. 그렇기에 상대방을 바라볼 때 적당한 기대를 갖고 그들의 인간적인 면모를 이해할 수 있어야 한다. 그러는 편이 오히려 당신의 마음을 편하게 만들어 줄 것이다. 그렇다고 사람에 대한 믿음과 신뢰까지도 무너뜨리라는 말은 아니다. 적당한 믿음과 신뢰 안에서 누구나 실수할 수 있고 모두가 단점을 가지고 있다는 점만 이해한다면 큰 문제가 없을 것이다.

2. 말없이 잘해 주다가 실망한다

인간관계에 실망하는 사람들은 말없이 잘해 주다 혼자 실망한다. 우리는 끊임없이 표현해야 한다. 생각보다 사람들은 표현하지 않으면 모르는 경우가 허다하다. 내가 아무 말이 없어도 나의 보이지 않는 성의를 상대방이 눈치채거나 인정해 주기를 바란다면 그건 이미 출발선에서 잘못되었을 가능성이 크다. 말없이, 또는 보이지 않게 잘해 준다면 상대방이 몰라도 상관없다는 마음으로 끝내야 한다. 말없이 잘해 주는 사람은 자신도 모르게 이 성의가 자신에게 돌아올 것이라는 기대를 가지기 때문에 실망하게 되는 것이다. 그래서 인간관계에 실망하고 싶지 않다면 최대한 더 많이 표현하고, 더 많이 축하해 주고, 더 많이 슬퍼해 줄 필요가 있다.

누군가는 이를 비즈니스 행위로만 생각하고 이러한 행위를 하는 사람과는 거리를 두고 싶다고 말하기도 한다. 하지만 사실 이러한 행위는 남에게 잘해 주는 것을 통해 어떠한 보상을 받고자 하는 행위라기보다 스스로 실망과 상처를 겪지 않기 위해 관계에 최선을 다하려는 노력에 가깝다. 누군가에게 실망이 커지면 사람에 대한 회의감이 강해지는데, 보이지 않게 한 노력에 대한 응답이 없었다고 사람에 대한 회의감을 가지는 것은 옳지 못하다. 어쩌면 그건 상대방의 잘못이 아닐지도 모른다는 생각을 가슴속에 품고, 표현은 적극적으로 드러내는 게 좋다.

3. 자신의 기준을 타인에게 적용한다

인간관계에 실망하는 사람들은 자신의 기준을 타인에게 적용하려 한다. 그러나 우리는 서로 다른 환경에서 자라났고 서로 다른 가정, 서로 다른 학창 시절, 서로 다른 친구를 가졌기 때문에 당연히 각자의 기준이 다를 수밖에 없다. 이러한 기준은 표현의 방식, 삶의 태도, 선호하고 싫어하는 것에 영향을 미치게 된다. 만약 당신이 어떤 음식을 좋아하는데 누군가는 그 음식의 이름만 들어도 진저리를 칠 만큼 싫어한다고 가정해 보자. 그 사람은 나쁜 사람인 것일까? 물론 아니다. 단순히 그 음식에 대한 기억이 좋지 않기 때문일 수도 있고, 그저 타고난 취향으로 그 음식이 입맛에 맞지 않기 때문일 수도 있다. 연인과의 관계에서 사소한 몇 가지의 취향이 맞는 것을 보고 둘 사이가 운명이라 착각하는 경우가 있다. 이 경우에도 사소한 몇 가지를 제외하곤 결국 여러 가지 지점에서 서로 너무나 다른 사람임을 깨닫게 된다. 여기서 자신의 기준을 상대방에게 강요하려고 하는 순간 우리는 싸움을 시작하게 된다.

연인이 아닌 다른 인간관계도 마찬가지이다. 상대에게 자신의 기준을 적용하려고 하는 순간 상대방은 이를 강요하는 것으로 느끼고, 동시에 당신에게 거리감을 느끼게 된다. 이는 서로에게 실망만 안겨 줄 뿐이다. 세상에 내 마음과 꼭 같은 사람은 존재하지 않는다. 서로가 다른 사람임을 인정하자.

4. 사소한 일로 전체를 결정한다

인간관계에 실망하는 사람들은 사소한 일로 사람의 모든 것을 판단해 버린다. 종종 편협한 시선을 가진 사람들이 있다. '나는 특정 종교를 가진 사람과는 안 맞아', '나는 축구 좋아하는 사람과는 안 맞아' 등 말이다. 특정 종교나 좋아하는 스포츠로 그 사람의 전부를 알 수는 없다. 그건 단순히 그 사람이 가지고 있는 수만 가지의 특성 중 하나일 뿐이다.

사람들 사이에서 일어나는 사건도 유사하다. 누군가가 당신이 좋게 보지 않는 잘못을 저지를 경우 그 사람의 모든 것을 다 차단해 버리는 사람들이 있다. 심지어 그것이 의도된 것인지 실수인지도 파악하지도 않은 채 말이다. 이는 그 행위 자체로 그 사람의 모든 것을 다 판단해 버리는 편협한 시선이다. 물론 의도된 폭력이나 욕설 등 사회적으로 당연히 비판받을 행동을 한다면 그 사람에게 호감을 가질 순 없을 것이다. 그럼에도 이 밖의 지점에 대해서는 상대방의 의도성을 파악하고, 그것으로 그 사람의 전체를 다 판단해도 되는지 탐구하는 시간까지도 필요하다는 사실을 잊지 말아야 한다. 어쩌면 그 시간이 어렵고 지루하기에 그저 외면하고 쉽고 편한 방법으로 상대를 판단하고 싶을 수도 있다. 하지만 이러한 행동은 상대에 대한 실망감만 가득 안겨 줄 뿐이다.

이 글에서 수없이 반복된 말이 있다. "세상에 완벽한 사람은 존재하지 않는다"라는 문장이다. 이 단순한 사실을 머릿속에 입력해 놓고만 있어도 사람에게 크게 실망할 일은 적을지도 모른다.

관계 워크시트

신뢰를 다시 배우는 관계 회복 수업

1. 자가 진단 질문: 나의 현재 관계 상태는 건강한가?

- 나는 갈등 상황에서 감정에 휩싸이지 않고, 사실을 먼저 보려 노력하는가?

- 나는 나의 불편함을 말로 전달하는 대신 습관적 침묵으로 넘기진 않는가?

- 가까운 관계일수록 '당연함'에 기대어 예의를 잃지는 않았는가?

- 나는 불편한 관계를 끊기보다는 다듬는 쪽을 택하는 편인가?

- 상처를 줄 때보다 사과할 때 더 많은 용기가 필요한 것을 알고 있는가?

2. 좋은 관계 형성을 방해하는 5가지 함정

- 부정적이고 비관적인 말버릇

- 단편적인 부분만 보고 쉽게 판단하기

- 지적당했을 때 잘못을 빠르게 인정하지 않는 태도

- 대화할 때 내 이야기만 늘어놓기

- 타인에게 지나치게 기대하고 실망하기

3. 성공한 사람들의 관계 회복 공식

- 비난 대신 "나는 이렇게 느꼈어"라고 말한다 → 내 감정을 중심으로 말하면, 상대는 방어하지 않는다

- 상대의 잘잘못보다 감정을 먼저 꺼내 이야기한다 → "그말에 상처받았어"는 "그게 틀렸어"보다 관계를 살린다

- 대화를 피하지 않고 "우리 얘기해 보자"라고 먼저 말한다 → 침묵은 멀어지게 만들고, 대화는 다시 연결되게 한다

- 상대를 바꾸려 하지 않고, 다름을 인정하는 쪽을 택한다 → 똑같은 생각을 하는 것보다 서로의 차이를 존중하는 것이 더 오래간다

- 감정을 억누르기보다, 그 감정의 이유를 스스로 해석한다 → "나는 화가 났어"를 넘어, "무시당한 기분이 들었어"까지 가야 한다

4. 실천 과제: 이번 주 내 관계 회복 실험

- 불편한 대화를 피하지 않고, 솔직하게 감정을 말한 경험을 기록해 보기

- 가까운 사람에게 "내가 잘못한 부분이 있다면 말해 줘"라고 먼저 말해 보기

- 주변에 먼저 도움의 손길을 건넨 사례 기록해 보기

- 고마운 사람에게 평소 전하지 못했던 진심의 메시지 작성해 보기

5. 마무리 성찰 질문

- 오늘 내가 가장 용기 내고 싶은 관계는 누구인가?

- 나는 어떤 감정을 내려놓을 때, 관계가 다시 연결된다고 느끼는가?

Nothing Happens Unless You Do Something

Chapter 2.
성공

성공을 만드는 4가지 본질

1. 자기 이해

성공한 사람들은 누구나 자신에 대한 이해가 굉장히 깊고 넓다. 오히려 아직 성공을 했다고 보기에는 애매한 사람들이 자신의 결점이나 실수를 잘 인정하지 않으려고 하는 경우가 많다. 성공한 사람들은 사람이 완벽할 수 없다는 사실을 잘 알고 있고, 그렇기에 자신의 장점과 단점도 잘 이해하고 있다.

자기 이해를 잘하고 있다는 것은 '나'에서 시작되는 모든 질문에 쉽게 대답할 수 있다는 의미다. 나는 무엇을 잘하는지, 못하는지, 무엇을 좋아하는지, 어떨 때 행복한지, 어떨 때 슬픈지, 가장 기억에 남는 인생의 장면은 무엇인지 등 다양한 질문을 자신에게 던지고 한번 대답해 보자. 성공한 사람들은 어떻게 이토록 자기 자신을 잘 알고 있을까? 바로 어려운 시간을 통과했기 때문이다. 외롭고 고독한 길을 홀로 걸으며 '나'라는 사람에 대한 이해가 깊어진 것이다. 힘든 시간은 항상 교훈과 성장을 제공한다. 성공한 사람들의 스토리에 우리가 공감하는 이유가 무엇인가? 그들이 큰 역경을 딛고 일어섰기 때문이다. 그들은 그 시간을 아주 충실하게 보냈고, 그 시기를 극복했기에 자기 자신을 성장시키고 발전시킬 수 있었던 것이다.

나의 현재가 내가 만들어 갈 미래의 크기를 결정한다. 나의 지식, 경험, 어려움의 깊이가 깊을수록 내가 만들어 갈 미래의 깊이도 깊다. 흔히 말하는 퍼스널 브랜딩 Personal Branding의 첫걸음도 자기 이해에서 시작된다.

2. 마음

토니 로빈스의 멘토로 알려진 짐 론은 강연에서 마음을 밭에 비유했다. 우리가 어떤 것을 심었느냐에 따라 우리의 마음이 놀랍게 달라진다는 것이다. 소위 말하는 감사 일기를 쓰고 부정적인 생각을 몰아 내라는 말은 마음을 관리하라는 말과 같다. 성공한 사람들은 마음 밭이 옳고 선하기에 좋은 것들이 자라난다. 굳이 말로 하지 않아도 주변 사람들이 느낄 수밖에 없다. 얼굴과 몸과 행동에서 모두 드러난다. 성공하지 못한 사람들의 마음 밭에는 부정적인 것들이 자란다. 불평과 불만, 타인을 헐뜯고 이유 없는 질투와 실패에 시달린다.

마음은 성공의 본질을 형성한다. 좋은 마음 밭을 가진 사람에게서는 항상 좋은 것이 흘러나온다. 좋은 말, 좋은 행동, 좋은 영향력. 이런 것들이 모여서 하나의 실체를 형성한다. 바로 돕고자 하는 마음이다. 부자들은 돕고자 하는 마음을 '타인의 삶을 더 낫게 만드는 마음'으로 정의하고 부자가 되는 핵심 능력이라고 말한다.

《부자 아빠 가난한 아빠》를 통해 들려 준 부자에 관한 로버트 기요사키Robert Toru Kiyosaki의 말은 옳다. 우리는 부자를 탐욕스럽다고 생각하지만(물론 그런 사람도 있다) 사실 부를 쌓는 방법은 좋은 가치를 지속적으로 공유하는 것이기에 부자들이 오히려 탐욕스럽지 않다. 좋은 마음은 성공을 만드는 핵심 본질 중 하나임을 잊지 말기 바란다.

3. 마인드셋

마인드셋Mindset이라는 단어가 최근 몇 년간 크게 유행하기 시작했다. 도대체 부자들이 말하는 마인드셋이 어떤 것인지 한번 살펴볼 필요가 있다. 마인드셋은 '정신적 태도의 집합체'를 의미한다. 쉽게 말해 우리가 일을 할 때 어떤 마음가짐으로 하느냐에 따라 그 일이 성공적으로 끝날 수도 있고 대충 끝날 수도 있다는 말이다. 마인드셋은 태도에 영향을 미치고 태도는 좋은 습관에 영향을 미치며 좋은 습관은 인생 전체에 영향을 미친다. 그렇기에 마인드셋이 성공을 만드는 핵심 본질 중 하나로 여겨지는 것이다.

성공한 사람들의 마인드셋은 보통 사람들의 마인드셋과 다른 점이 있다. 그들은 일단 긍정적이다. 일을 성공적으로 해결한다는 마음가짐이 있다. 다음으로 그들은 작은 일을 무시하지 않는다. 디테일을 챙긴다고 말할 수도 있지만 사실 그건 결과에 불과하다. 아무리 작은 일이라도 소홀히 대하지 않기 때문에 세세한 부분까지 신경 쓰게 되는 것이다. 마지막으로 그들은 정진하는 태도를 가지고 있다. 성공하는 마인드셋은 지속적인 성장과 배움을 기반으로 한다. 인간은 성장하거나 퇴보할 뿐 정체하지 않는다는 말처럼, 좋은 마인드셋의 사람은 작은 것의 힘을 이해하며 확신을 가지고 인생의 결과물을 만들어 낸다.

4. 미래의 내 모습

성공하는 사람들의 공통점이 또 하나 있다면 그것은 바로 '미래의 나의 모습'이 머릿속에 뚜렷하게 새겨져 있다는 것이다. 이것은 목표일 수도 있고 잘될 거라는 자기 확신일 수도 있다. 중요한 것은 그들이 원하는 자신의 미래의 모습을 구체적으로 정의하고 그것을 시각화한다는 사실이다.

《뉴욕타임스》 190주 연속 베스트셀러 《내 영혼을 위한 닭고기 수프》의 저자 잭 캔필드 Jack Canfield는 미래의 원하는 목표를 시각화하는 '비전 보드'에 대해 이야기한다. 그는 원하는 모습이 있다면 구글 이미지에서 비슷한 사진을 찾아 노트에 붙여 두고 그 뒷장에 원하는 목표를 적어 두며 자주 꺼내 본다고 한다. 미국의 유명한 자수성가 부자 그랜트 카돈 Grant Cardone은 여기에서 한층 더 발전된 이야기를 한다. 꿈꾸는 미래의 현장에 실제로 가서 느껴 봐야 한다고, 사진만으로는 턱없이 부족하다고 말이다.

    이렇듯 내가 바라는 미래의 나의 모습을 명확하게 그리는 것은 성공의 핵심 본질이다. 어떤 방식이든 상관없다. 부자들이 여는 파티에서 서빙을 한다 해도 그 모습을 상상하는 작업은 너무 중요하다. 많은 사람이 구체적인 미래를 꿈꾸지 않으며 하루하루 살아가는데, 성공하고 싶다면 원하는 모습을 구체화하는 일은 필수이다.

99%의 사람들이 인생에서 바라는 3가지

1. 칭찬

99%의 사람들은 칭찬에 목말라 있다. "칭찬은 고래를 춤추게 한다"라는 말도 있지 않던가. 하지만 동시에 칭찬은 우리를 자만하게 만들고 또 안주하게 만들기도 한다. 1%의 부자들은 칭찬에 크게 연연하지 않으려 노력한다. 그들은 타인이 하는 좋은 말보다 자신의 성취와 노력의 결과를 냉정하게 판단하는 것을 더욱 중요하게 여기기 때문이다. 자신이 우연히 얻은 결과로 인해 칭찬을 받게 되었다면, 그 우연이 발생한 이유와 그것을 캐치하지 못한 자신을 냉정하게 판단해야지, 칭찬을 듣는 것에 빠져 냉정하게 판단하지 못하는 순간 진정한 성장의 길을 잃

어버리고 만다. 사람들의 칭찬에 속지 말아야 한다. 칭찬보다 더 중시해야 하는 부분은 나 스스로가 내 결과물에 얼마나 떳떳한지이다.

2. 돈

99%의 사람들은 돈을 많이 버는 일이 곧 인생의 성공이라 믿는다. 물론 성공하기 위해 돈이 필요한 것은 사실이지만, 돈을 맹목적으로 좇다 보면 결국 돈의 노예가 됨을 잊지 말아야 한다. 돈을 위해 달리는 것 또한 더 많은 돈을 벌기 위한 좋은 방법이긴 하나 이들은 결코 1%의 특별한 사람들 안에 들어갈 수 없다. 오래 달리기 위한 명확한 원동력이 부족하기 때문이다. 1%의 성공한 사람들은 돈을 벌기 위해 성공을 이뤄 내지 않았다. 그들은 돈에 앞서 자신들이 성취하고자 하는 가치와 꿈을 이루기 위해 노력했고, 그 결과로 '돈'이라는 성취가 따라온 것이다.

3. 인정

99%의 사람들은 어떻게 해서든 자신의 행동과 위치를 인정받고자 하는 마음이 가득하다. 앞서 칭찬에 속으

면 안 된다는 말을 한 것처럼 인정도 이와 마찬가지다. 많은 사람이 스스로의 성취감이 아니라 다른 사람의 인정을 받기 위해 달린다. 그러나 정말 성공한 사람들은 주변에서 아무리 자신을 인정해 주지 않더라도 자신이 원하는 목표를 향해 열심히 달린 사람들이다. 성공한 상위 1% 사람들의 무용담을 한번 살펴보자. 그들은 사람들의 손가락질과 절대 안 될 거라는 비아냥거림을 이겨 내고, 결국 이뤄 낸 사람들이다. 사람들이 안 될 거라고 한 이유는 전에 그랬던 사례가 없었기 때문일 것이며, 또 그들이 성공할 수 있었던 건 결코 없었던 사례의 첫 번째 사례가 될 수 있었기 때문일 것이다. 수많은 성공이 누구도 해내지 못했던, 또는 불가능하다 믿었던 것을 해냄으로써 이뤄진다. 그리고 이를 위해 가장 먼저 포기해야 하는 것은 '인정'이다. 타인의 인정을 받기 위해 노력하지 말아야 한다. 우리의 진짜 싸움은 당장 침대에서조차 쉽게 일어나지 못하는 자신과의 싸움이다.

부자들이 돈을 많이 버는 이유 4가지

1. 가치를 창조한다

부자들은 끊임없이 자신만의 가치를 창조하기 위해 노력한다. 부자들을 들여다보면 공통점도 있지만 차이점 또한 존재한다. 일론 머스크Elon Musk, 빌 게이츠Bill Gates, 마크 저커버그Mark Zuckerberg. 이 CEO들은 자신들이 운영하는 기업의 가치를 스스로 가지고 있다. 불가능을 가능하게 만들어야 한다는 가치, 인간의 삶을 더욱 편안하게 만들어야 한다는 가치, 그리고 사람들 간의 소통을 더욱 원활하게 해야 한다는 가치를 가진 것이다. 어떤 사람들은 부자가 되는 것이 돈벌이에 집중하는 것이라 착각하기도 한다. 이는 맞는 말이면서 틀린 말이기도 하다. 진짜 부자들은 자신만이 꿈꾸고, 자신만이 이 사회에 공헌할 수 있는 가치를 창조해 낸다. 그런 과정에서 자신이 창조한 그 가치 속에서 돈을 벌게 되는 것이다. 이 원리는 오직 돈을 벌겠다는 의지보다 더욱 필요한 것은 자신만의 가치를 창조해 내는 일임을 말해 준다. 개인의 욕심만을 위해 돈을 벌려고 하지 않고 사회를 이롭게 만들려는 행동이 수반될 때 진정한 부자가 될 수 있다.

그렇다면 우리는 어떤 가치를 창조해야 하는 걸까? 우리의 인생에서 적용할 만한 가치란 '타인의 삶을 더욱 낫게 만들어 주는 행위'를 말한다. 세계의 모든 리더들은 그들이 가진 능력을 바탕으로 사람들의 삶을 더 편리하고 수월하게 만들어 주고 있다. 그렇기에 로버트 기요사키도 부자들은 이기적일 수 없다고 말한다. 타인과 세상에 무언가를 더 주어야만 큰 가치를 창조하는 '가치 창조의 법칙'을 이해하는 것이다. 우리 모두는 다른 사람을 도울 수 있는 능력을 하나 이상 가지고 있다. 그것이 곧 당신이 세상에 제공할 수 있는 가치다. 다른 사람들이 당신에게 도움을 요청하는 부분은 무엇인지 한번 생각해 보길 바란다. 그 안에 가치의 실마리가 숨겨져 있다.

2. 능력에 집중한다

부자들은 성공을 위해 자신의 능력에 집중하는 데 많은 힘을 쏟는다. 본인의 능력이 뒷받침되지 않는다면 다른 사람을 품을 수 없다. 다른 사람을 품고 그들의 리더가 되기 위해서는 우선 내가 무엇을 잘하고, 어떤 능력이 남들과 다른지 정확히 알고 있어야 한다. 그렇게 스스로 알게 된 자신의 능력을 더욱 주체적으로 끌어올려야 더 많은 수익을 얻을 수 있다.

가끔은 자신의 능력이 무엇인지 모른 채 되는대로 행동하다가 주체성을 상실하는 사람들이 있다. 이런 경우에는 당연하게 더 많은 돈을 버는 것에 실패하게 된다. 더 나아가 자신의 능력을 중심으로 일을 꾸리는 것이 아니라 주변 사람들의 말에 휘둘리면서 중심을 잡지 못하는 태도를 보일 가능성이 매우 높다. 이는 매우 좋지 않은 상황이다. 당신의 능력을 모르고 당신에게 집중하지 않는다면 타인에게 휘둘리는 삶을 살게 될 것임을 명심하기 바란다.

3. 실천이 빠르다

부자들은 고민에 많은 시간을 들이기보다 누구보다 빠르게 실천하기 위해 노력한다. 대다수의 사람이 생각은 많이 하지만 이에 비해 실천은 제대로 하지 않는다. 이것이 잘될 것인지 실패할 것인지 하나하나 고민만 하다가 많은 시간을 허비하는 것이다. 하지만 부자들은 자신이 생각한 것들을 어떻게든 빠르게 실천하는 길을 택한다.

더 많은 실험을 하고, 그 실험의 실패 데이터들이 쌓이고 쌓여 어떻게 앞으로 더 나아갈지에 대해 고민하는 것이다. 여기서 부자와 부자가 아닌 사람들의 태도에 큰 차이가 생기게 된다. 사람들이 실천을 두려워하는 건 실천 그 자체의 어려움 때문이 아니라 실패의 괴로움 때문이다. 실패를 두려워하지 말고 실천해야 한다. 새로운 일을 도전하는 것에 망설이면 우리는 뒤처지게 되고, 누군가가 큰돈을 벌어 가치가 입증된 레드오션에 뛰어드는 수밖에 없다. 부자들은 지금도 여전히 많은 새로운 일에 계속 도전하고 있다는 사실을 잊지 말자.

4. 기본에 충실하다

 부자들은 결국 기본만큼 중요한 것이 없다는 사실을 잘 알고 있다. 대학생 시절 교수님이 하신 말씀이 있다. 우리가 아무리 높이 올라가려고 해도 올라갈 수 없는 이유는 전공에 대해 무지하기 때문이니 끊임없이 기본을 갈고닦아야 한다는 말씀이었다. 기본이 없이 그저 운이나 감각을 통해서는 어느 정도까지는 올라갈 수 있지만 우리가 궁극적으로 원하는 부자는 결코 될 수 없다. 인간의 신체, 정신적인 부분은 모두 기본이 갖춰져 있지 않으면 바닥에 구멍 뚫린 컵처럼 아무리 많이 채우려 해도 다 새게 된다. 젠가 게임을 생각하면 쉽다. 아래를 제대로 쌓지 않거나 아래의 기둥이 하나하나 빠지게 되면 그 젠가는 무너지고 만다. 그러니 기본에 충실하자. 기본에 충실하지 않은 사람은 결국에는 그 한계를 경험하고 마는 법이다.

성공한 부자들이
무조건 경계하는
6가지 마음

1. 능력 이상의 것을 바라는 욕심

성공한 부자들이 경계하는 첫 번째 마음은 자신이 성취할 수 있는 능력 이상의 것을 바라는 욕심이다. 우리는 항상 자기 자신을 아는 것이 굉장히 중요하다고 말한다. 소크라테스Socrates의 "네 자신을 알라"라는 말도 괜히 나온 게 아닌 것이다. 우리 자신을 아는 것이 왜 중요한지는 '탐욕'에서도 나타나게 된다. 우리는 때때로 자신의 역량을 정확히 알지 못한 채 담을 수 있는 것보다 더 많이 담으려고 한다.

예를 들어 뷔페에 처음 간 아이가 맛있는 것만 보이면 이것저것 다 접시에 담고 난 후 결국엔 다 먹지 못하고 남기거나, 꾸역꾸역 억지로 다 먹고 나서 배탈이 나는 것과 같다. 욕심을 억제하지 못한 채 지금 가진 것의 소중함을 알지 못하고 더 많은 것을 얻고자 한다면 이때부터 욕심은 탐욕이 되고 만다. 남의 것을 뺏으려는 사람은 내가 가진 것의 소중함을 모르고, 남도 똑같이 소중한 것을 원한다는 사실을 외면한다. 우리는 욕심을 버리고, 가진 것의 소중함을 느끼며 나의 그릇이 어느 정도 되는지, 내가 얼마나 담을 수 있는지 정확히 알아야 한다.

2. 빨리 가려는 조급한 마음

성공한 부자들이 경계하는 두 번째 마음은 무조건 빨리 달려야만 한다는 조급함이다. 성공에는 다양한 모습이 있다. 누구보다 빨리빨리 움직여 이룰 수 있는 성공도 물론 있지만 사실 그보다 훨씬 천천히 움직여야만 얻을 수 있는 성공도 있다. 우리는 급하고 빠르게 움직이는 것만이 능사라 생각하여 달리다 그만 많은 것들을 놓치고 만다.

돈을 벌기 위해서는 섬세한 태도가 필요하다. 돌다리도 두드리고 건너는 태도가 필요한 것인데 속도에 빠져 버리면 그 신중함이 사라지고 만다. 빠르게 달리는 성공의 꿈은 초기엔 남들보다 조금 빠르게 가는 것처럼 보일 수도 있지만 결국엔 그 신중함의 태도를 잃는 순간 누구보다 빠르게 몰락하게 된다는 점을 결코 잊지 말아야 한다.

3. 남과 나를 비교하는 마음

성공한 부자들이 경계하는 세 번째 마음은 끊임없이 자신과 남을 비교함으로써 시기하고 질투하는 것이다. 비교해서 좋을 것은 하나도 없다. 비교를 하면 할수록 초라해지고 감사함을 모르게 되어, 삶을 부정적으로 볼 가능성이 높아진다.

실제로 우울증 환자들에게 휴대폰 사용을 금지했더니 우울증 증상이 30%가량 감소했다고 한다. 우리는 SNS를 통해 자꾸만 누군가의 삶과 자신의 삶을 비교하게 되는데, 타인과 비교하지 않는 것만으로도 우울감에서 많이 벗어날 수 있을 것이다. 일을 해내는 방식에서도 마찬가지다. 남들과 비교를 통한 시기 질투를 줄인다면 자신의 일과 행동에 훨씬 더 집중할 수 있다. 그렇기에 우리는 비교하는 마음을 계속 경계해야 한다. 모든 사람의 과거와 현재가 제각각 다름에도 우리는 자연스럽게 우리의 미래는 남들처럼 성공해야 한다고 믿고 있다. 이는 크게 잘못된 생각이다. 성공을 향한 걸음 수는 같을지 몰라도, 서 있던 출발선은 각자 다르다는 사실을 인정해야 한다. 그렇기에 우리가 성공하기 위해 필요한 시간 또한 다 다르다는 사실을 받아들여야 한다. 그러니 비교를 통해 시기 질투하지 말기를 바란다. 이는 스스로를 깎아 먹는 일에 불과하다.

4. 나만 생각하는 이기적인 마음

성공한 부자들이 경계하는 마음 네 번째는 남을 배려하지 않은 채 자신만 생각하고 행동하는 이기심이다. 성공한 사람들이 이기적인 마음을 경계하는 이유는 이기심이 부를 가로막는 장벽이기 때문이다. 물론 이기심은 성공하는 과정에서 필요한 원동력이 되기도 한다. 그러나 동시에 장기적으로 경계해야 하는 마음이다. 잘 드는 칼이지만 그 칼에 내가 다칠 수도 있다.

이기심이라는 칼이 위험한 이유는 모든 이타심을 잘라 내기 때문이다. 나를 위한 선택과 남을 위한 선택의 기로 앞에서 이기심은 나 중심으로 선택하도록 만든다. 무서운 점은 그 과정에서 이기심을 선택하다 보면 결국 '나'로 가득 찬 마음만 남는다는 것이다. 성공한 사람들은 모두 이기심을 경계했다. 타인에게 가치를 제공하는 것이 부의 핵심이라면 그것을 가로막는 것이 이기심이다.

우리는 때때로 도움의 손길이 필요하고, 그렇기에 누군가를 위하는 마음을 가지고 행동할 수 있어야 한다. 결국 모든 것이 사람이 하는 일이라는 점을 잊지 말아야 한다. 누가 우리에게 도움이 될 사람인지도, 또한 누가 어떤 성취를 이룰지도 정확히 예측할 수 없다. 그러니 철저하게 측정되지 않은 이기적인 마음은 굉장히 위험하다. 비록 이기적인 마음이 들더라도 적당한 선과 기준을 정하는 것이 중요하며, 동시에 누군가를 생각하는 마음에도 그 선과 기준을 정해야 한다. 아주 조금씩 베풀어 가며 타인을 위한 마음을 함께 키워 보기를 권하고 싶다.

5. 작은 것에 집착하는 옹졸한 마음

성공한 부자들이 경계하는 다섯 번째 마음은 자신도 모르게 튀어나오는 옹졸함이다. 자신이 옹졸한 사람인지 아닌지를 판단하는 것은 쉽지 않다. 하지만 자신의 주변 사람들이 어떤 사람들인지를 잘 살펴보면 쉽게 판단할 수 있을지도 모른다. 부자들은 대부분 이해와 포용의 태도를 가지고 있다. 이들이 이러한 태도를 가지는 것은 옹졸한 마음으로 소탐대실하지 않고자 하는 의지와 같은 것이다. 많은 사람이 작은 것에 대한 집착과 옹졸함을 놓지 못해서 큰 것을 잃고 만다. 우리가 부자가 되지 못하는 여러 이유 또한 과거부터 쌓여 온 우리의 가난한 마음으로 인해 형성된 옹졸함의 영향이 크다. 부자가 되고 싶으면 부자의 마인드부터 갖춰야 한다. 옹졸함을 버리고 조금 더 일을 거국적인 시선으로 바라볼 필요가 있다. 이는 결국 옹졸한 시선으로 작은 몇 푼을 버는 대신 큰 마음으로 큰돈을 버는 원동력이 되는 것이다. 꼭 옹졸함을 버리고 부자의 마인드를 갖기를 바란다.

6. 건강하지 않은 부정적 마음

성공한 부자들이 경계하는 마지막 마음은 힘들 때마다 자신의 가슴속에서 스멀스멀 피어오르는 부정적인 마음이다. 뭐만 하면 '안 된다'라는 마음을 가지는 사람들이 있다. 그리고 자신의 성공을 통해 누군가에게 복수하고자 하는 마음을 가진 사람들 또한 존재한다. 이러한 부정적 마음도 잘 사용하면 건강할 수 있지만 문제는 대다수가 이를 건강하게 사용하지 못한다는 사실이다. 성공은 누군가의 복수를 위한 것이 아니다. 오로지 자신을 위한 것이다. 가끔 복수심 때문에 이성적인 판단을 하지 못하고 무리한 선택을 하게 된다. 결국 복수에 성공할지라도 자신의 성공은 망치게 된다. 가장 큰 복수는 자신이 번듯하게 잘살고 있는 모습을 보이는 것이라는 사실을 잊지 말아야 한다.

부자가 되기 위해 가장 먼저 습득해야 하는 5가지 원칙

1. 명확한 목표를 세운다

부자들은 자신의 목표를 최대한 명확하게 세우는 데 집중한다. 대다수의 사람이 자신 또한 부자처럼 그럴싸한 목표를 세웠다고 자부하지만, 사실 자세히 들여다보면 그들의 목표는 상당히 추상적인 경우가 많다. 더 자세하게 말하면 자신의 목표를 추상적으로 머릿속에만 넣어두는 경우가 많은 것이다. 목표는 끊임없이 수정하고 보완해야만 명확해지는 것이다. 그러니 자신의 목표가 명확해지도록 계속해서 점검하고 적어 나가면서 구체성을 만들어야 한다.

2. 선택하고 집중한다

부자들은 선택과 집중의 중요성을 잘 알고 있다. 어떤 사람들은 자신의 목표하는 바가 너무 많아 정신을 못 차리기도 한다. 심지어 자신이 정한 곳을 향해 달리다가도 누군가가 하는 이야기에 휩쓸려 다른 것에 손을 내밀고, 더 나아가 자신이 무엇을 하는 사람인지조차 헷갈리는 경우가 있다.

'선택과 집중'이란 말을 많이 들어 봤을 것이다. 우리가 반드시 선택과 집중을 해야 하는 이유는, 하나에 몰입하고 생각해야만 어떠한 일을 깊이 파고들 수 있기 때문이다. 여러 가지 일을 동시에 진행하다 보면 하나에 깊이 파고드는 것이 아니라 남들이 하는 만큼만 반복하게 될 뿐이다. 부자들은 그렇게 하지 않는다. 남들이 하는 것보다 더 깊이 있게 자신이 무엇을 해야 할지 선택하고, 그 후에는 절대 뒤돌아보지 않고 선택한 바에 집중한다. 심지어 자신의 선택을 후회하는 것조차 시간 낭비고 집중력을 떨어뜨리는 일이라 생각한다. 그러니 선택과 집중에 힘을 들여야 한다. 그것은 반드시 당신을 부자로 만들어 줄 것이다.

3. 성과를 내는 환경을 만든다

 부자들은 끊임없이 자신을 경계하며 성과를 내는 환경을 만드는 것을 중요시한다. 우리는 스스로를 과대평가하는 경우가 허다하다. 가령 오늘 회사에서 일을 마치고 가야 하지만 너무 피곤한 나머지 집에서 씻고 남은 일을 하겠다고 마음먹는 경우, 열에 아홉은 절대 그러지 못한 채 잠에 들고, 결국 다음 날 크게 후회한다. 우린 이런 일을 항상 반복한다. 모든 것이 스스로를 너무나도 과대평가하기 때문에 벌어진다.

 그렇기에 환경은 꽤 중요한 요인이다. 부자들은 자신의 의지를 과대평가하지 않고 몰입할 수 있는 환경을 구축한다. 그리고 그 환경에서 최대한의 집중으로 일을 마치기 위해 노력한다. 일론 머스크가 매번 집에 가지 않고 사무실에서 잠을 자고 일어나 일을 하는 것이 이와 같은 경우라고 생각할 수 있다. 시간을 절약하기 위해서 그러는 면도 있지만 분명한 것은 그가 자신이 열심히 할 수 있는 환경에 몰입하기 위해 집중한다는 점이다. 자신을 과대평가하지 말자. 그리고 그 환경에 집중하자.

4. 성공하는 24시간 루틴이 있다

부자들은 성공을 위해 자신만의 24시간 루틴을 가지고 하루를 살아간다. 종종 무작정 열심히 일하는 것이 왕도라 믿는 사람들이 있다. 물론 그것도 결코 틀린 말은 아니다. 가끔 우리 삶에서는 앞뒤 돌아보지 않고 열심히 해야 하는 경우도 존재한다. 하지만 우리가 말하는 부자가 되기 위한 삶은 조금 다른 경우다. 부자들에게는 자신만의 꾸준한 루틴이 존재하고, 그들은 그 루틴을 열심히 지키기 위해 최선의 노력을 다한다. 결국 이 루틴의 핵심은 바로 꾸준함이다. 무작정 열심히 하는 것은 그때그때의 감정과 컨디션에 따라 결과가 좌지우지되는 경우가 많다. 그리고 열정이 불같이 타올랐다 금세 꺼져 버리는 경우도 허다하다.

부자들은 항상 이런 상황을 경계한다. 그들은 자신이 목표하는 바를 향해 나아가기 위해서는 꾸준함만큼 중요한 것이 없다는 사실을 안다. 잘 생각해 보자. 우리도 이미 너무나도 잘 알고 있다. 어릴 적부터 꾸준히 자신의 목표를 향해 한 걸음 한 걸음 나아가는 사람은 절대 이길 수 없다는 것을 말이다. 그러니 그들의 루틴을 배워야 한다.

부자가 되고 싶다면 부자들의 루틴을 자신의 루틴으로 만드는 것에 집중하자.

5. 쓸데없는 시간과 에너지 낭비를 줄인다

부자들은 쓸데없는 시간과 에너지를 낭비하는 것을 좋아하지 않는다. 그렇기에 자신의 시간 낭비를 줄일 수 있는 방법을 찾으려 한다. 사회에서 우리가 가장 많은 에너지를 낭비하는 곳은 어디일까? 아마도 대다수가 인간관계라 말할 것이다. 술자리만 떠올려 봐도 그렇다. 우린 업무의 과중함에 대한 해결책을 이야기하기보다 술에 취해 나와 내 주변 사람들과의 관계에 대해 수다를 떠는 경우가 더 많다. 이뿐만 아니라 우리는 종종 삶에서 굉장히 불필요하고 쓸데없는 것에 시간과 에너지를 낭비한다. 심지어 그것이 굉장히 중요하다 착각하고 있는 경우도 허다하다. 가장 좋은 해결책은 스스로 리스트를 적어 보는 것이다. 중요성의 순서를 정해 보고 나에게 불필요하고 쓸데없다 느껴지는 것들에 들이는 시간과 에너지 낭비를 최소화해야 한다.

부자들은 많은 대인관계에 신경 쓰며 살긴 하지만 적

어도 불필요하게 과한 에너지와 시간을 사용하진 않는다. 이 또한 선택과 집중의 문제이다. 다들 자신의 목표에 더 많은 에너지를 쓰고자 하기 때문이다. 결국 이러한 태도 덕분에 그들은 다른 사람들보다 더 많은 시간을 효율적으로 사용하며, 훨씬 더 충분한 에너지를 가지고 삶을 살아가게 된다.

성공하는 인생에
공통적으로 존재하는
11가지 요소

1. 협력하는 사람들

성공하는 사람들의 주변에는 놀랍게도 항상 좋은 사람들이 있다. 이는 성공하는 사람들이 공통으로 갖는 첫 번째 중요 요소이다. 좋은 사람들의 친절은 사람을 가리지 않는다. 주위의 친한 사람들에게뿐만 아니라 낯선 타인에게도 친절을 베풀면서 새로운 사람들과도 일을 함께 만들어 가고, 이는 더 큰 시너지 효과를 가져온다. 성공하는 사람들의 친절은 결국 주변에 이를 감사하게 여길 줄 아는 좋은 사람들을 모으게 되고, 이들과 협력 관계를 만든다. 그들이 협력을 중요하게 여기는 이유는 성공이 혼자 이루어지지 않는다는 사실을 너무 잘 알고 있기 때문이다. 혼자의 힘으로는 한계가 존재할 수밖에 없다. 사람은 정해진 시간만큼 일할 수밖에 없고 그 시간을 뛰어넘는 가치를 창출하려면 더 많은 손과 인력이 필요하다. 이것이 회사에서 사람을 많이 고용하는 이유다. 더 큰 효율로 더 큰 가치를 만드는 것. 그러니 혼자 모든 일을 하려고 하지 말자. 그것은 자신을 외롭게 만들고 더 빨리 지치게 만든다.

2. 흔들리지 않는 확신

성공하는 인생에 공통으로 존재하는 두 번째 중요 요소는 바로 흔들리지 않는 확신, 즉 자신감이다. 이것은 '자기 확언'이라는 말로도 불리는데 자신을 강하고 해낼 수 있는 존재라고 생각하는 것이다. 이는 부자들에게 나타나는 상당히 기본적이고 중요한 태도이다. 스스로에게 강력한 믿음을 가지는 것은 결코 단기간에 일어나지 않지만, 그들은 아침부터 잠들기 전까지 '어쩐지' 잘될 거라는 느낌을 가지고 살아간다. 이 '어쩐지' 잘될 것이라는 믿음은 결국 그들이 누구보다 더 열심히 나아갈 것이라는 확신의 원동력이 되기도 한다. 자신에 대한 이유

없는 믿음은 모든 일에 적극적으로 뛰어들고 문제를 해결하게 만들기 때문이다.

3. 돈을 모으는 습관

성공하는 인생에는 마치 돈을 투자하고 돈을 더 크게 불리는 습관이 중요해 보이지만 사실 그 시작에는 돈을 모으는 습관이 있다. 어린 시절 저축에 대한 이야기를 많이 들어 봤을 것이다. 가끔 저축을 무시하는 사람들이 존재하는데, 부자의 가장 중요한 핵심은 지출을 줄이고 저축량을 늘려 큰 목돈을 만든 후 그것을 다시 투자하는 것이다. 목돈 없이 큰돈만 벌려 하는 사람들도 있는데, 이는 결국 어떠한 노력 없이 돈만 벌겠다고 하는 허황된 모습과도 같다.

돈은 성공에 있어서 굉장히 중요한 요소 중 하나다. 흔히 "돈이 없으면 불행하다"고들 말한다. 가난이 행복을 가져가 버리고 우리 삶을 점점 더 힘들게 만들 수 있음을 이미 알고 있기 때문이다. 가난한 사람들이 실패를 더 자주 경험하는 이유는 경제적으로 쪼들리는 마음이 사람을 조급하게 만들고, 그 조급한 마음 때문에 잘못된 결정을 지속적으로 내리기 때문이다. 따라서 성공하는 인생에서는 돈을 모으고, 저축하고, 투자하고, 지출을 줄여서 성공을 향해서 준비하고 달려가는 것이 굉장히 중요하다. 그렇게 부자를 향해 다가갈 태도를 준비해야 한다.

4. 주도적인 인생과 리더십

성공하는 인생의 네 번째 중요 요소는 바로 창의적인 사고와 상상력이다. 성공은 열심히 하는 것만으로 이루어지지 않는다. 만약 열심히 하는 것이 인생의 전부였다면 가장 많은 시간을 일하는 사람이 부자가 되었을 것이다. 물론 세계 최고의 부자들은 여전히 열심히 일하고 있지만, 그럼에도 불구하고 열심히 일하는 것은 성공을 결정하는 요소 중 하나일 뿐이다.

생각해 보자. 이 책을 읽는 당신도 너무나도 열심히 살고 있을 것이다. 더 열심히 살기 위해 이 책을 펼쳤을 것이다. 하지만 당신은 부자가 아닐 가능성이 더 높다. 그 이유는 성공은 '열심히'만으로는 충분하지 않기 때문이다. '열심히'뿐만 아니라 그렇게 열심히 행하는 것을 더욱 가치 있게 만드는 좋은 아이디어와 그것을 실행할 수 있는 실천력, 올바른 결정을 내릴 수 있는 지혜까지 필요하다. 성공하는 사람들은 항상 아이디어를 쫓아다닌다. 그들은 잡담을 하다가도 돈을 벌 수 있는 아이디어가 있으면 결코 놓치지 않는다. 그들은 사람들의 삶을 더 편하게 만들어 줄 수 있는 아이디어들을 계속해서 고민한다. 그리고 그것을 잊지 않고 메모한다. 이렇게 생각과 메모로 남아 있는 수많은 아이디어를 떠올리다 보면 결국 좋은 아이디어가 하나 나오게 되고, 이들은 그 아이디어 하나 덕분에 계속해서 성공을 경험하게 된다.

간혹 사람들은 창의적 아이디어란 타고나는 것이라 생각하지만 그건 틀렸다. 창의적인 아이디어는 항상 우리 일상에 존재하는 것이고, 더 나아가 그것에 대한 끊임없는 고민이 진정으로 가치 있는 창의성을 만들어 낸다. 관찰과 메모, 그리고 고민이 진정 창의성을 만드는 중요한 습관인 것이다.

5. 훈련된 자제력

훈련된 자제력이 성공한 인생에 존재하는 이유는 이러한 자제력이 결정력과 집중력을 높여 주기 때문이다. 사람들은 선택과 집중이라는 말을 하며 우선순위를 세운다. 그리고 계획도 꼼꼼하게 세운다. 하지만 정작 그것을 실천하는 사람들은 적다. 왜 그럴까? 아무리 순위를 정한다고 해도 행동력이 부족하기 때문이다. 여기서 성공하는 인생의 중요 요소가 등장한다. 행동으로 이어지는지 아닌지를 좌우하는 것이 바로 자제력이다.

바르게 행동하기 위해서는 그 행동을 가로막는 장애물을 제거해야 하며, 그 장애물을 제거할 수 있는 가장 중요한 요소 중 하나가 자제력이다. 이 자제력은 훈련으로 길러진다. 창의력과 같은 맥락이다. 타고나길 뛰어난 자제력을 가진 사람은 없다. 간혹 "나는 원래 자제력이 없는 사람이야. 그래서 고민이야"라고 말하는 사람들이 있다. 이는 자신이 얼마나 노력하고 훈련하지 않았는지를 증명하는 말이다. 우리의 마음은 근육과 같아서 내가 원하는 것을 잠시 멈추고 중요한 일에 집중하는 자제력을 습관화하다 보면 그 능력이 자연스럽게 붙는다.

가장 좋은 예시는 '마시멜로 실험'이다. 1960년 스탠퍼드대학교의 연구진이 아동의 절제성과 미래 성공의 연계성에 관한 실험을 했다. 눈앞에 놓인 마시멜로를 참으면

2개를 준다는 이 실험을 통해 자제력을 가진 사람들이 인생에서 더 큰 성공을 이룬다는 사실이 확인되었다. 성공하는 사람들이 자제력을 훈련하는 기간은 생각보다 길다. 어쩌면 평생 해야 한다고 말할 수도 있다. 마치 흡연자에게 금연이란 그저 평생 참는 일이라는 것과도 같은 맥락이다. 명심하라, 자제력이 있는 사람과 자제력이 없는 사람의 차이는 분명히 존재한다는 것을. 자제력이 있는 사람은 그만큼 인생을 낭비할 확률이 낮다.

6. 유쾌하고 긍정적인 성품

성공하는 사람들의 태도를 잘 살펴보기를 바란다. 이들은 상당히 유쾌하고 의외로 긍정적인 성품을 가지고 있다. 종종 유튜브에서 부자들이 농담을 하는 영상을 본 적이 있을 것이다. 이들은 사람에게 농담을 하며 자신의 유쾌함을 보여 주는 것을 상당히 즐긴다. 이들의 강연에서 삶을 디스토피아로 바라보는 부정적인 시선이나 자기 비하적인 발언은 찾아볼 수 없다. 종종 이들이 세상에 대해 차갑게 이야기하는 경우가 있지만 이건 삶을 부정적으로 바라보는 것이 아니라 삶을 냉정하게 판단하려 하는 것이다. 이를 긍정과 부정의 부분으로 판단해서는 안 된다. 객관적이고 냉정하게 바라보는 시선이야말로 우리가 더 멀리 나아갈 수 있게 하는 좋은 원동력이다. 그래서 이들은 객관적 시선을 가졌으면서도 긍정적인 성품과 유쾌함을 잃지 않으려 한다. 본인의 유쾌함과 긍정적인 성품이 자신의 일에도 영향을 미친다는 사실을 잘 알고 있기 때문이다. 때로 자신의 삶이 불행하다고 느끼는 사람들이 있다. 하지만 자신의 성품을 바꾸기 시작하면 모든 일을 긍정적으로 바라보게 된다. 그리고 이는 더 큰 원동력의 시작이 되는 것이다. 긍정과 유쾌함은 삶과 일의 가장 큰 원동력임을 잊지 말자.

7. 정확한 판단력

성공하는 사람들은 누구보다 신속하고 정확한 판단력을 기르기 위해 끊임없이 노력하고 실패한다. 정확한 판단력은 지금은 큰 의미가 없어 보일지 모르지만 시간이 가면 갈수록 더더욱 중요해진다. 내가 내리는 판단이 어느 정도의 가치를 가지는지 스스로 가격을 매겨 보면 어떨까? 대다수의 사람은 자신의 가치를 낮게 잡을 것이다.

또, 여러 판단과 결정을 마구잡이로 하는 경우도 많다. 어쩌면 지금 내가 내리는 한 번의 판단이 단돈 1,000원 정도의 가치를 지녔거나, 심지어 내 삶에 별다른 영향을 줄 수 없는, 아무 가치 없는 판단이라고 생각할지도 모른다. 하지만 시간이 지날수록 스스로 사용하는 시간의 가치가 높아짐에 따라, 내리는 결정도 점점 더 중요해진다는 걸 느낄 수 있다. 한 번의 결정으로 굉장히 큰돈이 오고 가는 것이다.

올바른 판단을 위해서 해야 하는 것들은 생각보다 까다롭다. 잠을 충분히 자는 것, 기존에 일하던 공간을 떠나는 것, 건강한 식단을 챙기는 것 등. 하지만 이런 까다로운 습관들이 당신의 인생을 놀랍게 변화시킨다. 그리고 이 습관을 지속하겠다는 판단이 삶에 큰 도움을 준다. 성공한 사람들의 대부분은 좋은 판단력으로 그들의 삶을 계속해서 성장시키고 발전시킨다. 성공한 사람들의 인생에는 정확한 판단력이 존재한다. 명심하자. 훈련된 판단력은 앞으로 여러분의 삶에 엄청난 도움이 될 것이다.

8. 받은 것보다 더 해 주는 마음

성공한 사람들이 가지는 중요한 마음가짐 중 하나는 남에게 받는 것보다 더 해 주는 것을 중요하게 여긴다는 점이다. 그들은 심지어 보답이 당장 돌아올 거라는 기대조차 하지 않은 채 베푼다. 누군가는 받은 것보다 더 해 주는 마음은 사실 말이 안 된다고 생각할지 모르고, 어떤 사람은 '호구'가 되기 딱 좋은 거라고 비아냥거리기도 한다. 하지만 베푸는 마음이야말로 성공을 위한 가장 빠른 지름길 중 하나다.

이것은 인간의 심리와도 연관되어 있다. 기본적으로 사람은 내가 주려는 것보다 더 많은 것을 받으면 고마운 마음이 생기고, 상대방을 언젠가 도와줘야 한다고 생각하거나 상대방에게 굉장히 미안한 마음을 품는다. 중요한 사실은 이런 작은 베풂을 통해서 그 사람을 나의 편으로 만들 수 있다는 것이다. 성공한 사람들은 사람의 가치에 대해서 굉장히 정확하게 인식하고 있다. 많은 사람이 나의 편이 될수록 나의 가치도 점점 더 커진다. 이렇게 눈에 보이지 않는 가치에 집중하는 것이 성공한 사람들의 특징이다.

지금 나의 인생을 한번 돌아보자. 내가 받은 만큼만 딱 해 주는 사람인지, 혹은 손해 보지 않으려는 마음 때문에 받은 것보다 덜 주려고 하는 사람인지. 남들은 여전히 호구라고 부를지도 모르지만 어쩌면 호구라고 불리는 사람이야말로 베풂의 의미를 진정으로 아는 사람일지도 모른다. 우리는 자신 스스로 다른 사람들에게 도움받을 만한 준비가 되어 있는 사람인지 돌아볼 필요가 있다.

9. 실패를 올바르게 피드백하는 능력

성공하는 사람들은 실패에 대해서 상세하고 자세하게 뜯어보며 올바른 피드백을 하기 위해 노력한다. '올바른'이라는 단어에 집중해야 한다. 실패에 대한 생각을 외면하는 일은 누구나 할 수 있지만, 실패를 직시하는 일은 굉장히 어렵다. 많은 노력과 스트레스를 동반하기도 한다. 하지만 우리는 반드시 생각해야 한다. 실패한 일에 대해 올바르게 바라보지 않을 때, 우리는 같은 실수를 반복하며 다시 실패하게 된다. 실패는 성공을 위해서 존재하는 필수 불가결의 과정일 뿐이다. 실패를 올바르게 받아들이면 그 실패를 통해서 내가 무엇을 배워야 할 것인지 고민하게 되고, 그렇게 배움이 있는 한 실패는 더 이상 실패가 아닌 게 된다.

사람들은 실수를 나쁜 것, 실패를 최악의 일이라 생각하지만 그렇지 않다. 사실 성공한 사람들은 실패가 생겼을 때 지체하지 않고 바로 피드백에 들어간다. 오히려 적당한 성공보다 실패를 선호하는 경향마저 존재한다. 왜냐하면 적당히 성공하게 되면 어디서 실수가 생겨나는지 정확하게 판단하기 어렵기 때문이다. 그들에게 실패는 성공을 향한 과정이고, 당연히 겪어야 하는 부분이다. 실패는 당연하다는 사실, 중요한 것은 그 실패를 똑바로 인식하는 일이라는 사실을 기억하기를 바란다.

10. 다양성을 포용하는 열린 마음

편협함은 실패를 낳는다. 따라서 성공하는 사람들은 세상의 수많은 다양성을 포용하는 자세를 가지려 노력하는 법이다. 다양성을 포용하며 열린 마음으로 세상을 바라본다면, 더 많은 아이디어와 창의성, 또한 당신을 도와줄 수 있는 다양한 사람들이 옆에 존재하게 된다. 나이를 먹을수록 우리는 자신의 생각에 갇혀 버리게 된다. 그 갇혀 버린 생각은 유연한 사고를 방해하고, 창조적 아이디어와 변해 가는 세상에 대응하기 힘들게 만든다. 결국 자꾸만 모든 면에서 남들보다 주춤주춤 늦어지는 것이다.

고정관념과 같은 편협함은 성공에 가장 큰 방해 요소이다. 기본적으로 성공의 길은 너무나도 다양하다는 사실을 잊지 말아야 한다. 70억 인구가 있다면 그 사람의 수만큼 다 다른 것이다. 따라서 다른 사람과 협업을 하고 사람의 마음을 얻기 위해서는 다양한 것에 마음을 열어야 한다. 성공하는 사람들은 지속적으로 마음을 열고 새로운 사람과 새로운 경험을 받아들인다. 그렇기 때문에 그들은 끊임없이 열린 마음을 유지할 수 있는 것이다.

11. 좋은 것을 끌어당기는 힘

성공한 사람들에게는 인생의 긍정적인 요소를 끌어당기는 자석 같은 힘이 있다. 이것은 사람을 끌어당기기도 하고, 동시에 좋은 기회를 끌어당기기도 하며, 새로운 기회와 자신감을 불러일으킨다. 그리고 궁극적으로 성공하기 위한 요소 중 가장 중요한 삶의 태도에 영향을 미치기도 한다. 자신에게 긍정적인 감정을 주입해 보라. 스스로가 오늘 하루 힘차게 살아갈 수 있도록 동기부여를 해 주기를 바란다. 부정적인 것들은 제거하고 긍정적인 것들로 마음을 채워서 스스로에 대한 확신과 잘될 거라는 믿음으로 마음을 가득 채우는 것이다.

  어떤 사람들은 좋은 것을 끌어당기는 매력은 타고나야 한다고 말하지만 그렇지 않다. 좋은 것을 끌어당기는 힘은 노력으로 충분히 얻을 수 있다. 스스로를 존중하고 스스로에게 좋은 기운을 불어넣어 보자. 그런 사람은 빛이 나고 자연스럽게 긍정적인 요소를 불러온다. 또한 긍정적인 요소를 많이 불러올수록 삶은 더 나은 방향으로 변해 갈 것이다.

성장하지
못하게 만드는
3가지 방해 요소

인생에서 성장이 중요한 이유는 굳이 말로 얘기할 필요가 없다. 《팡세》의 저자인 수학자 블레즈 파스칼Blaise Pascal은 이런 말을 했다.

성장하지 않은 채 가만히 서 있는 우리는 결코 현상 유지를 하고 있는 것이 아니다. 끊임없이 앞으로 달려나가는 누군가에 의해 당연하게도 퇴보하게 되는 것이다.

우리는 지속적으로 성장하기 위해 노력해야 한다. 모두가 같은 방법으로 성장하는 것은 아닐지도 모른다. 앞서 언급한 것처럼 사람마다 생각도 가치도 다르기에 사람마다 성장의 방법 또한 다 다르다. 그러나 우리는 누구에게나 필수적인 요소는 잘 알고 있다. 독서, 사색, 혼자 있는 시간, 영상 강의 세미나, 좋은 사람과의 만남 등이다. 여러분은 이 사실을 몰랐는가? 아니, 모두가 이미 다 알고 있었다. 그렇다면 그 외에 우리가 가져야 하는 가장 중요한 태도는 무엇인지 함께 알아보도록 하자.

1. 완벽주의

슬럼프에 잘 빠지지 않고 성장을 위해 끊임없이 달리는 사람들의 공통점은 완벽주의를 벗어던진다는 것이다. 많은 사람이 성공을 위해서는 완벽주의의 자세를 지녀야 한다고 믿는다. 하지만 그것은 완전히 잘못된 믿음일 수도 있다. 세상에 완벽함이란 어쩌면 존재하지 않는 것일지도 모르고, 무엇보다 완벽주의의 사람은 불완전한 도전의 영역에 쉽게 나서지 못하고 망설이는 경우가 많기 때문이다.

삶과 성공은 절대 당신이 원하는 방향대로 움직이지 않는다. 그렇기에 항상 불안정한 요소를 가지고 있다. 그 불안정을 받아들이지 않은 채 완벽주의만을 추구하는 사람은 결국 출발선에 서는 것조차 어려워한다. 완벽주의가 있는 사람은 모든 일을 빈틈없이 처리하려 하기 때문에 실천까지 오래 걸리고, 실천을 하더라도 일을 마무리 짓는 데 오래 걸린다. 이들은 실패와 실수를 용납하지 않는다.

이는 성공하는 사람들과 정반대로 생각하고 있는 것이다. 성공하는 사람들은 빠르게 실천하고 빠르게 실행하며 동시에 수정을 진행한다. 이러한 방법은 과감하게 보이는 동시에 계획성이 없어 보일 수도 있다. 하지만 시간이 지나면서 당신도 느끼게 될 것이다. 계획대로 진행되는 경우는 거의 없으니, 완벽한 때를 기다리기보다 하루 빨리 실천하는 게 옳은 방향이라는 사실을.

2. 쉬운 포기

당신의 성장을 방해하는 가장 큰 요인은 당신도 모르게 가슴속에 피어나는 포기에 대한 갈망이다. 이와 반대로 성공하는 사람은 어떤 일이든 쉽사리 포기하는 태도를 경계한다. 그러나 우리는 '쉬운 포기'와 '빠른 포기'를 잘 구분할 줄 알아야 한다. 정확하게 말하면 쉬운 포기라는 말을 빠른 포기와 같은 뜻이라 착각하지 말아야 한다. 쉬운 포기는 도전한 지 얼마 되지도 않아 금세 어렵고 답답하다며 일을 그만두는 것이다. 빠른 포기란 이것과는 다른 의미인데, 빠른 포기는 오히려 더 중요한 요소에 집중할 수 있게 한다. 선택과 집중을 위한 명확한 방향을 확보하게 하는 것이다. 우리는 자주 이 둘을 혼동한다. 그리하여 포기하는 것도 하나의 방법이고 용기라는 말에 속아, 쉬운 포기를 빠른 포기라 포장하며 자신을 위로하려고 한다.

착각해서는 안 된다. 쉬운 포기는 도전과 의지가 부족한 것이지 절대 올바른 목표를 위한 빠른 포기가 아니다. 자주 쉽게 포기하는 사람은 깊이 있는 경험을 쌓기 어렵다. 깊이 경험하지 않으면 성장하고 발전할 수 있는 가능성도 줄어든다는 사실을 기억하기를 바란다.

3. 자기 불신

성공하는 사람들은 자신에 대한 믿음을 놓지 않는다. 심지어 어떠한 절망적인 상황에서도 그렇다. 자신을 불신하기 시작하면 성공과 성장은 당신의 곁을 서서히 떠나게 된다. 사람들은 각각 자기만의 의견과 생각을 가지고 있다. 굉장히 어려워 보이는 일을 쉽게 평가하기도 하고, 때로는 쉬운 일을 어려운 일이라 착각하여 평가하기도 한다. 하지만 모든 판단은 직접 경험해 보지 않고는 쉽게 내릴 수 없다.

문제는 그것을 경험하기 시작했을 때이다. 그 일을 막상 시작하면 사람들은 지극히 현실적으로 "나는 그것을 할 수 없어", "나는 그것을 하기에는 능력이 부족해", "나는 이걸 하려면 아직 더 많은 경험이 필요해"라고 말하면서 스스로의 능력을 과소평가한다. 이는 현실적인 판단이라 생각할 수 있지만, 자신을 과소평가하고 불신하는 것이다. 나 자신이 아니면 누구도 나를 단단히 믿어 주지 않는다.

절대 남은 나만큼 나를 믿어 줄 수 없다는 사실을 알아야 한다. 나를 믿어 주는 것은 어떤 상황에서든 꼭 필요한 덕목이다. 성장을 방해하는 자기 불신을 가장 먼저 제거해야 하며, 만약에 필요하다면 자신에 대한 믿음을 글로 적는 것을 권한다. 글을 통해 눈에 보이는 확신과 자신감은 생각만으로 끝내는 것보다 자신의 머리에 훨씬 강하게 남기 때문이다. 성공한 사람들의 자기 확신은 단기간에 얻어진 것이 아니다. 이들도 모두 자기 불신에서 시작했다는 사실을 잊지 말아야 한다. 다만 인생을 바꾸고자 하는 마음과 의지로 자기 불신마저도 이겨 내게 된 것이다.

성공 워크시트

'잘사는 삶'에 대한 착각을 버리고, 나만의 성공 정의하기

1. 자가 진단 질문: 나는 지금 무엇을 성공이라 부르고 있는가?

- 나는 돈, 직위, 명예 중 무엇을 가장 '성공'의 척도라고 생각하는가?

- 내가 원하는 삶의 모습이 명확한가?

- 나의 삶에 자부심을 느끼는가?

- 나는 실패의 경험을 어떻게 해석하고 있는가? 기회인가, 낙인인가?

- 나는 지금 삶을 '비교'보다 '의미'의 관점에서 바라보고 있는가?

2. 흔한 성공의 방해물 5가지

- 자신을 제대로 파악하지 못해 능력 이상의 것을 바란다

- 다른 사람의 인정 없이는 나 자신을 믿기 어렵다

- 명확한 목표를 세워 두지 않는다

- '나만 잘되면 그만'이라는 이기적인 행동을 취한다

- 성공은 무조건 빠르고 효율적으로 이뤄져야 한다고 믿는다

3. 성공한 사람들의 공통점: 결과보다 '관점'을 관리한다

- 진짜 성공한 사람들은 남이 정한 목표가 아니라 자기만의 의미를 기준으로 삼는다

- 성공은 속도가 아니라 방향성과 지속성에서 나온다

- 실패를 피하려 하지 않고, 실패를 '통해' 성공에 도달한다

- 성공한 사람일수록 '자기다운 삶'과의 거리를 항상 체크한다

- 매 순간을 '축적'의 관점으로 바라본다

4. 실천 과제: 나만의 성공 정의 다시 써 보기

- 내가 존경하는 사람 3명의 '성공의 이유' 분석해 보기

- 내 인생에서 가장 가치 있었던 경험을 써 보기

- "나는 성공한 삶이란 _____ 라고 믿는다" 문장 완성하기

- 실패 후, 나를 다시 일으킨 문장이나 행동을 떠올려 적어 보기

5. 마무리 성찰 질문

- 나는 무엇을 이뤘을 때 "성공했다"라고 말하고 싶어지는가?

- 그 경험은 나를 더 나답게 만들었는가, 아니면 멀어지게 만들었는가?

Nothing Happens Unless You Do Something

Chapter 3.
마인드셋

성공을 위해
탐구해야 하는
나에 대한 5가지 사실

1. 나의 성격과 성향

자신을 아는 것이야말로 성공을 위한 가장 기본적이자 중요한 발판이다. 에이브러햄 링컨Abraham Lincoln은 "그 사람이 무엇에 화나는지 살펴보면 그 사람이 중요하게 여기는 게 무엇인지 알 수 있다"라고 말했다. 당신이 화나는 지점을 살펴보면 당신의 가치관을 알 수 있는 것이다. 지피지기 백전백승이다. 상대를 알고 나를 알면 백 번 싸워도 위태롭지 않다. 따라서 성공을 위해서는 반드시 나에 대한 이해가 필요하다. 자기소개서를 작성한다고 생각해 보자. 머릿속을 가득 채우는 질문 하나가 있을 것이다. "대체 난 어떤 사람이지?"

우리는 나 자신을 심도 있게 들여다볼 필요가 있다. (혹시 MBTI 성격 분석을 떠올렸다면 잠시 미뤄 두자, 과학적 신뢰도가 그리 높지 않다.)

우선 나를 특정 짓는 형용사를 3개만 적어 보자. 나의 타고난 기질과 나의 여러 가지 성향도 적어 보고, 이를 바탕으로 나의 성격적인 장점을 어떻게 활용할 수 있는지도 생각해 보자. 단 몇 개의 단어만으로도 당신이 무엇을 중요하게 생각하고 무엇을 위해 살아가고 있는지 알 수 있다. 성공을 위해 달리다 보면 가끔 길을 잃고 방황할 때가 있다. 그럴 때마다 나의 성격과 성향을 통해, 추구하는 방향을 향해 제대로 가고 있는지 살펴볼 필요가 있다.

2. 내가 가장 잘하는 것

재능과 취미는 결코 성공과 멀리 떨어져 있는 것이 아니다. 오히려 당신의 성공을 더욱 가속하는 촉진제 역할을 하게 된다. 애플의 창업자 스티브 잡스Steve Jobs는 대학교 재학 시절 전공 수업이 듣기 싫어 평소 관심이 가던 캘리그래피 수업을 청강했었다고 한다. 그것이 우리가 지금도 유용하게 쓰는 '폰트'가 되었다. 스티브 잡스는 실제로 한 대학 연설에서 이런 말을 했다.

대학에서 캘리그래피를 배울 때만 해도 이걸 내 인생에서 실제로 쓸 일은 전혀 없을 거라고 생각했습니다. 그러다 10년 뒤 애플을 차리고 첫 매킨토시를 디자인하던 중 불현듯 그 10년 전 강의가 떠올랐어요. 매킨토시는 역사상 처음으로 아름다운 폰트를 가진 컴퓨터가 되었습니다. 대학에서 강연을 듣던 당시에는 우연히 찍은 인생의 점들이 나중에 어떻게 이어질지 몰랐죠. 아무도 인생의 완전한 그림을 미리 그릴 수는 없습니다. 하지만 10년이 지나고 보니, 내가 그려야 할 그림이 너무나 선명히 보였습니다.

좋아하는 것과 잘하는 것이 일치할 때 우리는 이를 '덕업일치'라고 부른다. 그러나 실상 현실에서 덕업일치를 이루고 사는 사람을 찾기는 쉽지 않다. 좋아하는 것과 잘하는 것은 엄연히 다른 영역이기 때문이다. 그럼에도 두 영역에는 공통점이 있다. 해 보지 않으면 모른다는 것이다. 따라서 내가 가장 잘하는 것을 찾기 위해서는 끊임없이 도전하고 경험하고 실패하며 알아내야 한다. 시행착오가 있는 것은 당연하다. 운이 좋으면 그 속에서 내가 남들보다 잘하는 것을 발견할 수도 있다. 그리고 마음속에 갖고 있던 막연한 두려움을 떨칠 수 있다. 다시 한번 말한다. 해 보지 않으면 모른다. 움츠린 날개를 펴고 둥지 밖을 벗어나 보자.

3. 나의 가장 큰 약점

우리에게 강점이 있다면 그 반대편에는 약점도 있다. 그리고 그 약점을 잘 알고 스스로 연구하는 것이야말로 성공을 위한 중요한 마인드셋이다. 헬렌 켈러Helen Keller는 이런 말을 했다.

당신의 약점을 직면하고 인정하라. 하지만 그것이 당신을 지배하게 하지 말라. 그것으로 하여금 당신에게 참을성, 상냥함, 통찰력을 가르치도록 하라.

약육강식의 사회에서 약점은 꺼내서는 안 되며 꼭꼭 숨겨야 되는 것이라고 생각하는 사람도 있다. 그러나 적어도 나 자신만은 내가 가진 약점이 무엇인지 파악하고 있어야 하고, 그것을 바로잡기 위해 노력해야 한다. 어떻게 하면 나의 약점을 극복하고 장점으로 만들지 고민해야 성공할 수 있다. 나의 약점을 어떻게 극복해야 할지 아는 사람과 모르는 사람의 차이는 크다. 앞의 사람은 성장의 기회를 만들어 성공에 한 발짝 더 다가갈 수 있지만, 뒤의 사람은 약점을 숨기며 사느라 애쓰다가 지치고 마는 삶을 살 수밖에 없을 것이다.

4. 나의 현재 위치

성공한 사람들은 항상 현재 자신의 위치를 냉정하게 판단하려 한다. 지금 당신의 위치는 어디인가? 성공한 사람들의 뒤를 따라가기만 한다고 내가 성공하는 것은 아니다. 너무 앞만 보고 달리기만 한 것은 아닌가 하는 생각이 든다면, 나는 지금 어디쯤 와 있고 어디에 서 있는가 되돌아볼 필요가 있다. 만약 사회가 고등학교와 같다면 등수가 나오겠지만 사회에서 정확한 등수를 아는 것은 거의 불가능하다. 그렇기 때문에 종종 "학교 다닐 때가 좋았다"라고 말하는 사람들이 있다. (물론 학교 다닐 때도 똑같았다고 생각한다. 그저 서로 다른 장점과 단점이 존재할 뿐.) 이렇게 등수를 알 수 없는 사회에서 우리의 현재 위치를 파악하는 방법은 크게 2가지가 있다. 내가 가진 돈과 직업으로 알 수 있는 객관적인 위치가 첫 번째이고 내가 생각하는 주관적인 위치가 두 번째이다. 모두 절대적인 것은 없다. 내가 생각하기 나름이다. 가로축과 세로축을 만들고 그 어딘가에 나의 위치를 점 찍어 보자. 어디가 되었든 좋다. 확실한 건 나의 현재 위치를 마주해야만 내가 가고자 하는 방향으로 나아가는 데 어려움이 없다는 점이다. 만약 당신이 어디까지 와 있는지 파악한다면 분명 얼마나 더 노력해야 하고, 얼마나 더 달려야 하는지 알 수 있을 것이다.

5. 인생의 왜 Why

성공하는 사람들은 자신에게 끊임없이 질문한다. 그리고 질문의 답을 찾기 위해 더욱 노력한다. 유명 미국 드라마 중 〈럭키 루이〉라는 작품이 있다. 도입부에 아침 식사를 하는 아빠와 딸의 대화 장면이 나온다. 아빠는 놀이터에서 놀고 싶다는 딸의 말에 안 된다고 답하고, 딸은 끊임없이 "왜?"라고 되묻는다. 아빠는 자신의 답에 계속 이어지는 딸의 질문에 성심성의껏 답해 주고, 놀이터 이야기는 아빠의 방황했던 10대 시절 이야기를 지나 십자가에 매달려 죽음을 맞이한 예수님까지 가게 된다.

어린아이는 귀찮을 정도로 질문이 많다. 그러나 어른이 된 우리는 질문을 많이 하지 않는다. 왜일까? 이유는 다양하다. '모르는 것이 창피해서', '모르는 채로 넘어가는 게 마음 편해서', '안다고 해도 달라질 것이 없어서'. 그러나 모두 잘못된 생각이다. 인생에 있어 질문은 성공을 위한 성장의 밑거름이 된다. 특히 '왜'는 우리의 삶을 변화시키는 아주 중요한 질문이다. 우리는 '왜'라는 질문을 통해 세상을 바라보는 관점을 넓힐 수 있고, 다른 사람의 입장을 이해할 수 있다. 또 '나는 왜 사는가?'와 같은 철학적 질문을 통해 자신의 인생관에 대해 고민할 수 있으며, 지금 해야 할 일이 무엇인지 명확히 알게 된다. 결과적으로 우리는 '왜'를 가슴에 품어야 성장하고 성공에 가까워질 수 있다.

부자,
평범한 사람,
가난한 사람의 마인드 차이

우리는 평범한 성장이 아닌 폭발적 성장을 위해 꿈과 생각의 크기를 키워야 한다. 당신이 지금 생각하는 방법보다 더 크게 성장할 수 있는 방법은 항상 존재한다. 지금의 해결책을 최선이라고 생각해서는 안 된다.

1. 퇴보 - 가난한 마인드

부자들은 과거를 딛고 새로운 미래를 향해 나아간다. 하지만 가난한 사람들은 의미 없는 과거, 또는 너무 많은 의미를 부여한 과거에 묶여 살아간다. 그리고 평범한 사람은 자신의 과거와 미래를 생각하지 않은 채 그저 주어진 일에만 집중하는 수동적 태도를 보인다. 미래를 그리지 못하는 사람들은 당장 눈에 보이는 것만을 쫓는다. 마치 달콤한 사탕이 있으면 그것의 존재 이유와 가치를 따지지 않은 채 덥석 입안에 넣는 것과 같은 태도이다. 그들은 그러다 얼마 못 가 포기하고 도태되고 만다. 그러나 부자들은 다르다. 그들은 과거를 딛고 현재를 살아가며, 나아가 끊임없이 더 나은 미래를 꿈꾼다. 그렇기에 그들은 자신의 삶을 원하는 대로 살아간다. 그들에게 가장 중요한 것은 바로 '지금'에 집중하는 것이다.

2. 정체 - 평범한 마인드

모든 인생이 항상 상승곡선만 그린다면 얼마나 좋을까? 불행하게도 거의 대다수의 인생에 변함없는 상승은 불가능하다. 인생은 앞으로 달려가기만 하는 기차가 아니다. 기차도 이따금 멈춰서 환기하기도 하고 다시 달리기 위한 에너지를 얻기도 하지 않던가. 우리도 때로 멈추고 에너지를 충전할 필요가 있다. 우리 인생에 정체라는 것은 없다. 퇴보와 성장만 있을 뿐이다. 다만 아무것도 하지 않고 오로지 멈춰 있기만 해서는 안 된다. 그럴 때는 당신 뒤에서 달려오던 누군가가 당신을 앞서 달리게 될 것이기 때문이다.

　성장하지 않는 사람들은 성장 감각이 마비되어 있어 퇴보한다. 정확히는 성장하는 방법조차 까먹게 된 것이다. 그러다 보면 결국 자신의 뒤에 있던 수많은 사람에게 길을 내줄 수밖에 없게 된다. 평범한 사람들은 자기 계발을 하며 성장한다. 그러나 자기 계발 초보들은 꿈과 생각의 크기가 작고 성장도 한 번에 많이 하지 못한다. 이 단계에서는 꿈과 생각의 크기를 키워서 부자들처럼 생각하는 게 손쉬운 해결책이다.

3. 성장 - 부자의 마인드

　부자들은 성장을 위한 마인드셋이 다르다. 이들이 성장하기 위해 노력하는 방법은 다양하다. 간혹 성장이라는 말을 굉장히 거창한 것으로 생각하는 사람들이 있다. 큰 목표를 향해 달려야 하며, 적은 돈이 아닌 억 단위의 돈을 벌어야만 성공이라 생각하는 것이다. 그러나 이는 잘못된 생각이며, 금방 성장하려는 의지를 멈추게 만든다. 성장이라는 게 반드시 거창할 필요는 없다.

　남에게 보여 주기 위해 그럴듯한 목표를 갖고 무리할

필요도 없다. 당신이 성장하기 위해서 집중해야 하는 단 1가지는 '긍정적인 변화'이고, 그것을 위해 할 수 있는 작은 일을 먼저 실행해야 한다. 그러한 작은 것들이 쌓여 한 계단을 오르면, 두 계단 올라가는 것은 이전보다 훨씬 수월하게 느껴질 것이다. 그런 실행이 쌓이고 쌓이다 보면 어느새 수십 계단을 뛰어 올라가는 자신을 목격하게 될 것이다.

부자는 작은 성장을 발판 삼아 더 큰 성장을 위해 달려 나간다. 그리고 이러한 성장을 성공의 원동력으로 삼아 다시 성장해 간다. 잘되는 사람들에게는 다 잘될 만한 이유가 있다. 단순한 인과관계이다. 그들은 좋은 일, 나쁜 일 모두에서 배운다. 성장을 해야 하는 순간이 언제냐고? '항상'이다.

4. 초성장 - 상위 1% 부자의 마인드

부자들은 폭발적 성장이라 불리는, 일명 '초성장'을 많이 이루어 낸다. 그 이유에는 크게 3가지가 있다. 첫 번째, 부자들은 꿈과 생각의 크기가 크다. 옹졸하고 편협한 시선을 가지지 않기 위해 노력하며, 다양성을 받아들이고 안주하지 않고 항상 더 높은 곳을 바라보기 때문이다. 두 번째, 부자들은 리스크를 감수할 마음이 있다. 초성장은 폭발적인 성과를 내는 대신 그만큼 더 큰 리스크를 떠안을 위험 또한 크다. 하지만 기꺼이 실패를 통한 리스크를 감내할 것을 생각하며 진행한다. 세 번째, 실패를 통한 성공에 대한 데이터가 많이 수집되어 있다. 간혹 아무런 준비나 대비 없이 인생은 한 방이라 생각하며 초성장을 꿈꾸는 사람들이 있다. 이는 초성장의 의미를 제대로 이해하지 못한 것이다. 초성장이란 결국 끊임없이 준비하면서 데이터를 구축한 자가 철저한 자기 객관화를 통해 확실한 한 방을 이뤄 내는 것이다. 그저 단순히 도박을 즐기는 것이라 착각해서는 안 된다. 마지막으로 네 번째, 이들은 인내심을 갖고 있다. 인내심은 성공의 중요 가치로, 이들은 실패를 이겨 내고 성공하는 길을 잘 알고 있기 때문에 초성장을 이룰 수 있다.

극강의

자신감을 만드는

4가지 방법

1. 타인의 말보다 내면의 소리에 더 집중한다

자신감이 있는 사람들은 겉보다 내면에 더 집중한다. 다른 사람들의 말만 많이 듣다 보면 자신의 내면의 이야기에 귀 기울이지 못하게 된다. 그러다 보면 내 인생의 여러 문제점을 놓쳐 버리게 되는 경우가 많다. 사람들이 당신을 바라보는 기준은 저마다 다를 것이다. 동료로서, 친구로서, 연인으로서, 후배로서 등등. 좋은 친구의 기준과 좋은 연인의 기준이 다르듯 사람들이 당신에게 바라는 점도 다 다르다. 그런데 그 사람들의 말에 너무 많이 집중하다 보면 정작 자신의 가치와 기준이 희미해지게 된다. 모두에게 일일이 다 맞춰 줄 수는 없다. 그러다 보면 자신을 잃어 갈 뿐이며, 내가 하는 일의 효율 또한 떨어지게 된다. 나를 생각해서 해 주는 조언들에는 좋은 것들도 많지만 걸러 들어야 할 것도 많다. 중요한 것은 내가 중요하게 생각하는 가치와 목표이다. 내면의 소리에 더 집중하는 사람일수록 단단해지고, 그 안에서 남들은 갖지 못한 자신감을 가질 수 있다.

2. 내 마음에 좋은 싹을 심는다

자신감은 어디서 올까? 자신감은 내가 나를 믿어 주는 가장 원초적인 신뢰에서 생겨난다. 마음에 좋은 싹을 심는다는 말은 스스로에게 좋은 말을 해 준다는 뜻이다. 말이지만, 단순히 말만 하는 것을 의미하지 않는다. 아침마다 일어나서 좋은 말만 하고 거울 앞을 떠나 버린다면 그건 허공에 퍼지는 소리에 불과할 것이다. 여기서 우리는 좋은 말을 넘어 나를 믿어 주는 말을 해 줘야 한다. "너는 잘될 거야", "너는 잘하고 있어", "조금 실수해도 괜찮아"와 같이, 나의 인생을 내가 먼저 믿어 주는 것이다.

'말하는 대로' 된다는 말은 이젠 뻔한 클리셰가 되었다. 그럼에도 할 수 있다고 스스로에게 말해 주자. 그리고 정말로 할 수 있다고 믿어 보자. 그것을 이룬 나의 모습을 상상하며 그 감정에 취해 보자. 이것이 바로 심상화(어떤 장면에 대해 마음으로 상상해 보는 것)이다. 내가 나를 믿고 지지하는 일은 자신감의 근본이 된다. 어떤 일을 하든 확신을 갖고 자신감을 갖게 될 것이다. 하지 못할 것 같다는 말은 절대 하지 말자. 부정적인 말은 이미 갖고 있던 자신감을 더 떨어뜨릴 뿐이다. 할 수 있다. 정말로 잘할 수 있다.

3. 완벽하지 않은 자신을 인정한다

성공한 사람들의 가장 대표적인 마인드는 완벽하지 않음을 인정하는 태도이다. 세상에 완벽한 사람은 없다는 사실은 모두가 알고 있다. 아무리 친구라도 단점이 있고, 가족도 보기 싫을 수 있다. 하지만 모든 사람이 완벽하지 않다는 사실을 알면서도 자신만큼은 반드시 완벽해야 한다고 생각하는 사람이 있다. 결론부터 말하면 완벽한 사람은 없다. 환상이다.

성공한 사람들은 이 사실을 너무나도 잘 알고 있다. 왜냐하면 완벽하지 않다는 사실을 인정하는 순간 진정한 성장 마인드를 갖출 수 있기 때문이다. 자신이 완벽하지 않다는 사실을 알고 있어야 무엇을 해야 할지 알게 되고 부족한 점을 보완할 노력을 한다.

완벽한 사람이 되고자 한다면 인생 살기만 힘들어질 뿐이다. 내가 세운 높은 목표에 도달하지 못하는 모습을 보며 실망할 것이고, 자신감은 물론 자존감마저 뚝 떨어질 것이다. 하지만 부족함을 보완하기 위해 노력하는 사람은 자신의 인생을 깎아내리려 하지 않고, 적당한 목표를 설정해 할 수 있는 노력을 할 것이다. 그렇게 자존감을 지켜 내며 더 큰 용기를 가지고 성장할 수 있는 것이다. 성공한 사람들은 오늘도 완벽하지 않은 나의 모습을 인정해야 한다고 말한다. 그러니 완벽을 위한 노력보다 보완을 위한 노력에 더 큰 힘을 쏟기를 바란다.

4. 잘될 나의 모습을 상상한다

성공한 사람은 자신의 성공한 미래를 끊임없이 그리고 그 목표를 위한 꿈을 꾼다. 나아가 그 꿈을 현실로 만들기 위해 노력한다. 간혹 상상만 하고 행동하지 않는 사람들이 있다. 우리는 앞서 성공의 기준에 행동이 얼마나 중요한지 다뤘다. 꿈 없는 행동은 허무하고 불안정하기만 할 뿐이다. 그러니 꿈꾸는 미래 속에는 행동도 함께 포함되어야 한다. 내가 지금 잘하고 있는 건지 자신 없을 때도 있고, 불투명한 미래에 대한 불안감으로 잠 못 들 때도 있을 것이다. 그럴 때면 성공한 나의 모습을 상상해 보자.

상상하며 행동하는 사람과 행동하지 않는 사람의 가장 큰 차이는 무엇일까? 바로 구체성이다. 나의 노력과 끈기가 만들어 낸 '성공한 나'는 구체적으로 어떤 모습을 하고 있을까? 구체적으로 무엇을 해야 하며, 지금 당장 시작해야 할 것은 무엇일까? 행동하지 않는 사람들은 추상적으로만 생각한다. 추상적으로 생각하기에 행동할 원동력이 생기지 않는다. 성공하고 싶다면 구체적으로 생각하고 그 생각이 현실이 될 수 있도록 노력해 보자. 인생은 내가 생각하는 대로 이루어진다. 행복한 사람이 계속 행복해질 수밖에 없는 이유는 행복한 생각을 많이 하기 때문이다. 선택과 집중을 넘어서 연쇄 성공을 만들어야 한다. 이런 사람에게는 오직 하나의 목표밖에 없다. 바로 성공이다.

실패가

인생에서 중요한

5가지 이유

1. 결국 실패도 선택에 의해 생겨났다는 사실을 인정하자

실패한 인생에서 가장 중요한 것은 이 모든 일을 당신이 선택했다는 사실을 받아들여야 한다는 점이다. "인생은 B와 D 사이의 C다"라는 말을 들어본 적 있는가? 한때 한 배달 앱이 "인생은 Birth(탄생)와 Death(죽음) 사이의 Chicken(치킨)이다"라는 문구로 큰 인기를 끌기도 했는데, 실제로는 "인생은 Birth(탄생)와 Death(죽음) 사이의 Choice(선택)이다"에서 나온 말이다. 우린 끊임없이 선택하며 살아가고, 매번 좋은 결과가 나오길 기대한다. 선택의 결과가 언제나 성공적일 수는 없다. 안 좋은 결과가 나오면 우리는 실망할 수도 있다. 하지만 인간은 자신의 삶을 스스로 선택하고 책임져야 한다. 결과가 좋든 나쁘든 말이다. 물론 속이 쓰릴 수 있다. 실패를 인정한다면 내가 잘못 선택했다는 사실을 받아들여야 하니까. 하지만 성공한 사람들은 실패 그 자체보다 그 과정에서 얻을 수 있는 것에 더 집중하라고 말한다. 선택과 결과에 책임지고 극복해 나가는 과정에서 진정한 성장이 생겨나는 것이다. 이를 통해 우리는 실패를 좋은 결과로 바꿀 수도 있다. 물론 그것도 우리의 선택이지만 말이다.

2. 어려움의 시간이 길수록 정상에 오래 머물 수 있다

실패가 성공을 만든다는 말은 마치 역설처럼 들린다. 하지만 대부분의 성공한 사람들은 모두 적지 않은 양의 실패를 경험했다. 그들은 그 실패를 밑거름 삼아 성공의 길로 나아간다. 대부분의 사람은 실패를 성공의 반대말로 인지하지만, 성공은 실패의 정반대 방향에 존재하지 않는다. 오히려 실패는 성공으로 가는 길목에 자리 잡고 있는 징검다리다. 실패는 성공에 도달하는 효과적인 방법을 알려 주고 가끔씩 인생의 전체 항로를 수정하도록 돕기도 한다.

실패가 무엇보다 값진 이유는 같은 실수를 반복하지 않게 만들기 때문이다. 그렇기에 성공한 사람들은 수많은 실패를 통해 얻은 경험으로 더 오래 정상에 머무를 수 있다. 실패는 우리에게 겸손을 가르친다. 겸손은 자신을 더 객관적이고 현실적으로 볼 수 있도록 하며 실패 또한 그렇게 바라볼 수 있게 한다. 따라서 겸손에는 배움의 정신이 있다. 실패와 같은 어려움을 마주했을 때 겸손한 사람은 지혜를 발휘할 수 있으며 새로운 기회를 잡아 최고의 자리에 오른다.

국민 MC 유재석은 10년간 무명 생활을 견뎌 냈고 "단 한 번의 기회가 주어진다면, 그리고 그 기회를 통해 좋은 결과를 얻는다면 평생 그 기회와 감사함을 잊지 않고 살겠다"라고 기도했다고 한다.

현재 어려움의 시간을 보내고 있다면 그 마음가짐을 글로 잘 적어 두기를 권한다. 그리고 나중에 그 일기를 펴 봤을 때 초심을 기억하기를 바란다. 어려웠던 시절에 가졌던 마음가짐을 되새기면 되새길수록 당신은 정상에 오래 머물게 될 것이다.

3. 실패 없이는 성공도 없다

성공이 계단식 성장이라면 실패는 분명 발을 디딜 수 있는 계단 그 자체일 것이다. 만약 우리가 성공만 경험하며 산다면 어떨까? 정말 멋질 거라고 생각할 수도 있지만, 실패가 없는 인생은 결국 더 배우지 못하는 인생이 될 것이다. 그렇기에 실패의 반복을 통해 그 안에 담긴 부족한 점을 깨우치는 일은 의미가 있다. 물론 같은 실패를 반복하지 않도록 조심해야 한다. 그리고 실수를 했다면 피드백을 통해 반드시 부족한 점을 채워 넣어야만 한다. 가끔 도전만 하는 사람들이 있는데, 그들은 똑같은 실수를 반복하면서 스스로 '왜 나는 이게 안 되는 거지?'라는 바보 같은 질문을 하곤 한다. 이 점에서 우리는 다시 한번 교훈을 얻는다. 성공한 사람들의 명백한 3가지 공통점은 1) 성장한다는 마인드, 2) 다시 실패하지 않겠다는 의지, 3) 실패를 딛고 성공해 낸다는 마인드셋이다.

오늘도 성공한 사람들은 생각의 작은 전환을 권한다. 성공을 위해 실패를 기꺼이 받아들일 것, 그리고 성공을 위한 것이면서 동시에 '성장'을 위한 실패를 기꺼이 받아들이자는 태도이다.

4. 실패는 인생 전체의 마침표가 아니다

가난한 사람과 성공한 사람의 결정적 차이점 중 하나는, 가난한 사람은 실패가 인생의 마침표라 생각한다는 점이다. 영화를 본다고 생각해 보자. 영화가 시작하고 주인공이 불우한 가정에 태어났다고 한 뒤에 바로 영화가 끝나는 것을 본 적 있는가? 만약 그랬다면 당신은 그 영화를 보고 평점 테러를 남겼을 것이다. 아니 애초에 영화를 보지도 않았을 것이다. 영화에서 불우한 환경을 가진 주인공에게는 반드시 성장과 변화, 그리고 기회가 주어진다. 그 기회 속에서 어떻게 행동하냐에 따라 영화의 엔딩이 결정되는 것이다.

우리 인생도 똑같다. 인생에서 한두 번 소소한 마침표가 찍혔다고 해서 그것이 인생 전체의 마침표를 의미하지 않는다. 모든 실패는 극복해야 하는 것일 뿐 그 이상도 그 이하도 아니다. 말하지 않아도 자연스럽게 느끼게 되리라 생각한다. 실패를 그저 0부터 100까지 피드백할 수 있는 기회로 받아들이고 이 과정을 통해 해피 엔딩의 마침표를 찍으면 된다.

실패는 성공이라는 점을 그리기 위해 필요한 '아주 필

수적인 점'에 불과하다. 믿는 것은 당신의 자유다. 하지만 실패를 두려워하지 말고, 인생이 다 끝났다고 생각하지 않길 강력하게 권하고 싶다.

5. 더욱 강력하게 변화할 계기가 된다

성공한 사람들의 멘털은 작은 바람에 전혀 미동이 없을 만큼 단단하다. 그들이 단단한 이유는 수많은 실패 속에서 스스로 마인드를 새로 다지고 나약한 마음을 없애 왔기 때문이다. 실제로 성공한 사람들의 인터뷰를 한번 살펴보자. 그들이 가지는 자기 확신과 의지가 묻어난다. 한국인 최초로 미국 메이저리그에 입성한 야구선수 박찬호는 적응되지 않는 미국 생활과 인종차별, 그리고 자신의 실력 부족을 느끼게 되었다. 그는 이때 스스로 절망감에 빠지지 않기 위해 매일 거울을 보며 대화를 걸었다고 한다. 그는 거울 속의 자신에게 "할 수 있다", "넌 최고다", "넌 반드시 메이저리그 최고의 투수가 될 거다"라고 다짐했다. 그리고 절망에 빠져 있던 그의 다짐은 끝내 현실이 되었고 그는 결국 메이저리그 올스타 투수로 뽑히게 되었다.

실패에 좌절하고 자책만 하면 남는 것은 그것에 잠식당한 자신일 뿐이다. 그렇게 되기 전에 실패라는 경험에서 교훈을 얻고 흔들리는 멘털을 빨리 잡아야 한다. 강한 멘털을 가지면 어떤 역경을 만나든 자신을 믿고 대처할 수 있다. 또한 현실적으로 생각하는 동시에 최대한 긍정적인 마음을 가짐으로써 적절한 자기 성찰을 할 수 있다.

성공한 사람들의 자아가 단단한 이유

1. 자기 인생의 왕좌에 앉아 있다

성공한 사람들은 자기 인생의 왕좌에 앉아 있는 사람들이다. 그들은 자신만의 왕좌를 유지하기 위해, 그리고 더 나은 자신의 왕국을 만들기 위해 끊임없는 고민을 한다. 그렇기에 지금 자신이, 미래에 자신이 무엇을 해야 하는지 이해하고 있다. 이들이 의식하는 것 중 가장 중요한 것은 약점과 통제이다. 누구나 유혹에 빠지기 쉽다. 이는 성공한 사람도 실패한 사람도 마찬가지다. 하지만 성공한 사람과 실패한 사람의 가장 결정적인 차이는 성공한 사람들은 자신이 무엇에 쉽게 유혹당하며 자신의 약점이 무엇인지 명확하게 알고 있다는 점이다. 그렇기에 성공한 사람들은 통제 가능한 것을 제어하기 위해 집중하고, 잘하는 것과 부족한 점을 정확히 이해해 더 멀리 나아가려 노력한다. 또한 이들은 시간을 똑똑하게 활용하며, 의미 없는 일에 에너지를 낭비하지 않는다. 이렇게 자신을 통제하는 방법을 이해한 사람들은 다른 사람들이 아무리 흔들려고 해도 절대 흔들리지 않는다. 이는 성공을 위한 필수적인 마인드이다. 유혹에 쉽게 흔들리는 사람은 성공적인 미래를 향해 나아가기 어렵기 때문이다. 주체적인 인생을 살기 위해서는 끊임없이 자기 자신을 반성하고 돌아보며 진정한 자신의 모습을 이해하려 노력해야 한다.

2. 자기 인생의 재미를 잘 안다

성공하는 사람들의 자아가 단단한 이유는 자기 인생의 재미를 너무나도 잘 알고 있기 때문이다. 유튜버로 활발히 활동 중인 박막례 할머니는 이런 말을 했다.

나의 흥에 신나서 춤을 추다 보면 그 흥을 좋아하는 사람들이 찾아온다.

요즘 대부분의 사람들이 유튜브를 보며 많은 시간을 보낸다. 유튜브를 통해 우리는 박막례 할머니뿐만 아니라 여러 분야에서 성공한 사람들의 사례와 말을 어느 때보다 손쉽게 접할 수 있게 되었다. 우리는 왜 성공한 사람들의 이야기를 흥미롭게 보는 걸까? 그들의 삶이 풍기는 흥에 우리가 동의하기 때문이 아닐까? 그리고 그 흥이 나는 삶을 통해 나도 할 수 있다는 희망을 얻고, 나 또한 이들을 연구하고 따라 하면 흥이 나는 삶을 살 수 있게 될 거라 기대하는 건 아닐까?

하지만 다른 사람들의 흥을 무작정 따라 하는 것은 옳은 방식이 아니다. 사람마다 성공의 방식이 다르고 즐거움의 방식이 다르듯, 당신이 그들처럼 되기를 원한다면 '나만의 흥'을 만들어야 한다. 그렇지 않으면 남의 인생이 만들어 내는 흥과 재미에 끼어서 억지로 흉내 내는 인생을 살아가게 될 것이다.

성공한 사람들은 자기 인생을 즐기는 사람들이다. 이들에게는 자신들만의 흥과 재미가 있다. 그들은 인생의 재미를 적극적으로 나서서 찾고 획득하며 스스로 만들어 낸다. 이와 더불어 이들은 열정이 성공의 성패를 가른다는 사실을 안다. 열정은 자기가 하는 일을 좋아하고 즐기는 사람만이 얻을 수 있는 자연스러운 것이다. 성공한 사람들이 항상 수많은 일과 도전으로 재밌게 산다고 느껴진다면 그것이 바로 그들이 만들어 낸 '흥'과 '재미'이다. 그들은 오늘도 자기 인생의 재미를 좇느라 다른 사람들의 말에 휘둘리지 않는다.

3. 부정적인 마음이 들어올 틈이 없다

성공한 사람들은 다른 사람들의 말과 행동에 신경을 쓸 시간이 없다. 일론 머스크는 일주일에 120시간을 일했다고 한다. 하루 14, 15시간가량을 오로지 일에 쏟아부은 것이다. 이처럼 그들은 자신들의 인생을 살기에 바쁘다. 이런 사람들이 다른 사람의 말에 휘둘리고 신경 쓰느라 하루 종일 부정적인 생각에 휩싸일 시간이 있을까? 만약 그들에게 그런 여유 시간이 주어진다면 그들은 그 시간을 더 나은 성과를 내기 위해 쓰거나 자기 계발에 투자할 것이다. 그들은 결국 그것이 가장 현명한 일임을 잘 알고 있다.

삶의 의미를 찾으려 노력하는 사람은 많다. 하지만 삶

의 의미와 긍정성은 침대 위에 누워 휴대폰만 바라본다고 얻을 수 있는 것이 아니다. 삶의 의미는 진정한 삶에 뛰어들어야만 찾을 수 있다. 성공한 사람들은 쫓기듯이 자신을 계발하고 쫓기듯이 성과를 낸다. 그들이 이렇게 자기 계발에 집중하는 이유는 그럼으로써 더 나은 삶을 살 수 있다는 사실을 알기 때문이다. 그걸 몸소 느끼는 순간 자기 계발은 즐겁고 재미난 일이 된다. 부정적인 마음에 휩싸여 2, 3시간씩 허비하고 있는 사람이 성공한 사람들과 공감을 형성하기 어려운 이유이기도 하다. 나를 흔드는 타인을 욕하기 전에 그럴 틈을 내어 준 나를 생각하며 나의 인생을 먼저 가다듬어 보면 어떨까? 남들보다 하루를 일찍 시작하며, 인생을 의미로 가득 채워 보자. 가장 값진 시간을 경험하리라 장담한다.

4. 원하는 것이 뚜렷하다

성공한 사람들의 공통점은 바로 뚜렷한 목표 의식을 갖고 있다는 점이다. 이들은 인생의 방향성을 갖고 목표를 향해 전진하며 자신이 원하는 것을 얻기 위해 끊임없이 노력하며 행복을 느낀다.

만약 당신이 마라톤을 시작했다고 가정해 보자. 최종적으로 도착하게 되는 골인 지점이 어딘지 아는 것과 모르는 것 중 어느 것이 더 힘들까? 도착점이 어딘지 모르는 마라톤을 완주해 내는 것이 훨씬 힘들 것이다. 도착 지점을 알고 있다면 자신의 페이스를 어떻게 조절해야 하며, 어디서 더 힘을 주고, 어디서 힘을 아껴야 할지에 대한 계획이 생기기 때문이다. 우리의 인생도 이런 마라톤과 유사하다. 누군가는 골인 지점을 알고 달릴 것이고 누군가는 자신의 골인 지점이 어딘지도 모른 채 달리고 있다. 당신의 삶이 남들보다 더 힘들다 느껴지는 건 아마도 이 때문일 것이다.

한 연구에 따르면, 자신의 진로에 관한 목표 의식이 선명한 대학생과 그렇지 않은 대학생의 학교생활 적응도에는 확연한 차이가 있다고 한다. 진로와 목표가 뚜렷하게 있는 학생들은 그 목표를 향해 나아가기 위해 학교생활에 더욱 활동적, 적극적으로 참여했고 학교생활의 만족도가 높았다. 하지만 그렇지 못한 학생들은 학교생활에 잘 적응하지 못해 방황하다 휴학하는 비율이 높았고, 동아리 활동 참여율도 현저하게 낮았다는 결과였다.

목표가 없으면 휘둘리기 쉽고, 누가 그만두면 자신도 따라 그만두기 쉽다. 결승점을 제대로 알지 못한 채 달리다 보면 누가 물을 마실 때 자신의 페이스는 모른 채 생각 없이 따라 마시게 된다. 그런 사람에게는 스스로의 삶에 대한 의지와 자신만의 즐거움이 없다. 왜 마라톤을 해야 하는지도 모른다. 하지만 성공하는 사람들은 뚜렷한 목표 의식을 갖고 달린다. 그들은 누구보다 더 빨리, 더 즐겁게 자신의 페이스대로 달린 뒤, 완주하고 나서는 다시 출발선에 서서 다음 레이스를 준비한다. 성공하고 싶다면 당신이 무엇을 원하는가에 대한 뚜렷한 목표 의식을 갖기를 바란다.

5. 기브 앤드 테이크의 원칙을 이해한다

성공한 사람들은 기브 앤드 테이크의 원칙을 잘 이해하고 있기에 자아가 단단하다. 하지만 이런 철저한 관념에도 불구하고 성공한 사람들은 항상 먼저 베푼다. 왜 그럴까? 그들은 보이지 않는 가치를 믿기 때문이다. 성공한 사람들은 보이지 않는 가치가 시간이 흐른 후 통장 잔고로 나타나는 돈의 법칙을 이해하고 있다. 그리고 그것은

'기브 앤드 테이크 인과관계의 법칙' 안에 철저하게 작동한다. 따라서 먼저 베풀고, 보이지 않는 가치를 후에 얻게 되는 것이다.

작가이자 디지털 마케팅의 선구자인 게리 바이너척 Gary Vaynerchuk은 누군가에게 호의를 받을 때 아무 거리낌이 없다고 인터뷰에서 말했다. 이 말 뒤에 그는 덧붙였다. 자신이 그 이상으로 먼저 베풀었기 때문에 호의를 받는 것에 거리낌이 없다고 말이다. 이렇듯 성공한 사람들의 단단한 자아는 기브 앤드 테이크 원칙과 먼저 베푸는 행위에서 생겨난다.

6. 인과 법칙을 이해한다

성공한 사람들은 모든 상황에 대한 인과 법칙, 즉 원인과 결과를 정확히 이해하고 있다. 인과 법칙은 모두에게 공평하다. 원인이 있으면 결과가 존재한다. 성공한 사람들은 그럴 만한 원인과 결과를 이해한다. 콩 심은 데 콩 난다고 했다. 콩이라는 분명한 원인은 콩이라는 분명한 결과를 낳는다. 모든 성공에는 원인이 있고 모든 실패에도 원인이 있다. 따라서 성공한 사람들은 좋은 원인을 통해 좋은 결과를 만드는 데 집중한다. 하지만 성공하지 못한 사람들은 자신도 모르게 이를 무시하는 경우가 많다. 실패한 것에 대해 다양한 이유를 찾기보다는 일단 변명하는 데 익숙해져 있는 것이다. 실패를 부정하고 원인과 결과를 따지지 않는 것은 매우 좋지 않다. 끊임없이 실패의 원인을 파악하면, 그를 통해서 더 나은 결과를 창출해 낼 수 있다는 점을 명확히 이해해야 한다.

열린 사고를 위해 인정해야 하는 4가지 다양성

1. 다양한 인간

세상에는 수많은 종류의 사람들이 있다. 각자 인격도 다르고 성향도 다르며 살아가는 방식 또한 다르다. 우리는 홀로 성장하지 않으며 홀로 성공하지 않는다. 타인과 함께 살아가며 서로 교류하며 영향을 주고받는다. 하지만 다양한 사람들과 만나다 보면 긍정적인 영향을 주는 사람 외에 부정적이고 스트레스를 주는 사람들도 만나게 된다. 그들은 우리로 하여금 '저 방식은 나와 맞지 않아', '그가 하는 생각은 너무 피곤해'라는 생각을 하게 만든다. 그러다 보면 우리는 점차 인간과 멀어지고 싶은 마음이 든다. 간혹 농담처럼 나오는, 인간만 없어도 이 지구가 더 오래 유지될 것이라는 말도 이와 상통해서 나온 말일 것이다. 하지만 어쩔 수 없다. 인간은 원래 모두 다르다. 심지어 쌍둥이일지라도 두 사람의 성향은 다르다. 명심하자. 우리가 더 나은 삶을 살아 나가려면 인간의 다양성을 인정하고 이해해야 한다. 그래야 더 다양한 형태의 사람을 만날 수 있고 그들에게서 배울 수 있다. 사람의 다양성을 배척해 버리는 순간 편협한 사고에 빠진다. 그러니 항상 경계하고 조심하는 태도를 가져야 한다.

2. 다양한 이유

내가 만약 중요한 시험에서 낙방하는 결과를 얻었다면 그 이유가 무엇일까? 단지 그만큼 좋은 성적을 내지 못했기 때문일까? 아니다. 시험을 보는 날 유난히 피곤했을 수도 있고, 내가 제대로 공부하지 않았던 영역에서 시험 문제가 나왔을 수도 있다. 내 실패의 이유가 다양함을 인정하고, 각 이유가 갖고 있는 문제를 해결하기 위해 노력해야 한다. 체력 관리도 하고 공부도 더 꼼꼼히 계획해서 해야 한다. 그래야 다음 시험에는 붙을 수 있다.

하지만 어떤 사람들은 이유가 아닌 '변명'을 만든다. 심지어 어떤 사람은 대통령의 말 한마디 때문에 자신의 영화가 엎어졌다고 말하기도 한다. 하지만 정말 그 말이 영향을 끼쳤다고 하더라도, 될 일은 된다. 실패의 이유를 찾아 분석하고 반성하는 대신 그저 변명만 한다면 당신은 똑같은 실수를 반복하고 말 것이다. 그것만큼 비극적인 일도 없다. 그러니 변명하지 말자. 다양한 이유 속에서 답을 찾아 더 나아가자. 모든 것에는 다 이유가 있다는 생각을 항상 머릿속에 새겨 두어야 한다.

3. 다양한 믿음

세상에는 다양한 믿음 또한 존재한다. 서로 다른 종교가 있고, 서로 다른 학교의 방침이 있으며, 서로 다른 회사의 존재 이유가 있다. 그리고 그 안에 있는 사람들도 서로 다른 믿음을 가지고 있다. 심지어 같은 종교를 가지고 있더라도 종교의 교리를 받아들이는 사람의 입장에 따라서 서로 다르게 생각하고 다르게 믿음을 발전시켜 나간다. 이렇듯 세상에는 다양한 사람이 존재하기에 그 믿음 또한 굉장히 다양한 방식으로 나타난다. 나와 반대되는 생각을 가진 사람의 입장에서 생각해 본 적 있는가? 나와 다른 믿음을 가졌다고 해서 그를 멀리할 필요는 없다. 내가 믿는 것만이 옳을 수는 없다. 그 사람의 믿음도 충분히 가치 있다. 다양한 믿음과 관점을 접하면서 나의 사고방식은 더 확장될 수 있음을 기억하자.

4. 다양한 상황

나에게 일어난 다양한 상황들을 인정하자. 그리고 정면에 마주한 문제들을 어떻게 돌파해 나갈 것인지 다각도로 고민해 보자. 지금 처한 여러 상황이 서로 도움이 될 수도 있다.

인정하는 태도는 매우 중요하다. 우리는 인정보다 부정을 더 많이 하려고 한다. 그러나 부정하려는 마음은 당장의 해결책이 될 수는 있지만 장기적으로는 아무런 도움이 되지 않는다. 만약 당신이 일주일 뒤에 죽을 예정이 아니라면 아마 당신은 앞으로도 꽤 긴 시간을 살아가야 한다. 그 긴 시간 속에 다양한 상황과 마주할 것이며 그 상황 속에서 여러 고민과 선택을 해야 할 것이다. 하지만 그 안에서 스스로를 부정하기만 하면 그 문제는 반드시 다시 돌아온다. 부정하고 변명하지 않고 겸허히 인정하는 태도를 가진다면 이번에는 문제가 된 것이라도 다음 번에는 오히려 당신을 돕게 될 것이다. 그러니 인정하자. 인정에도 용기가 필요하지만, 그 용기는 결국 우리를 더 나은 삶으로 이끌 것이다.

강철 멘털을 만드는 5가지 자기 확언 기술

1. 적는다

강철 멘털을 가진 사람들은 적는 것에 집중한다. 무엇보다 가장 중요한 것은 하루의 생각을 정리하는 일에 집중할 수 있는 일기다. 매일 감사 일기를 적어 보자. 감사 일기를 쓰면 부정적인 마음이 사라지고 긍정적인 에너지가 생기는 효과를 얻을 수 있다. 그리고 당연하게 여겼던 것들을 떠올리고 주변 사람을 더 친절하게 대하게 된다. 그럼으로써 지금 이 순간을 더 깊이 누리고 건강한 삶으로 돌아갈 수 있다. 또 새로운 도전을 향한 열정이 샘솟게 된다.

2. 다짐한다

행복한 사람들은 실제로 부정적인 사람들보다 나쁜 것을 덜 생각한다고 한다. 부정적인 생각을 끊어 낼 수 없고 마음이 괴롭다면 거울을 보고 아무 이유 없이 씨익 웃어 버리자. 그리고 말하자. "나는 할 수 있다!"

나에게 긍정적인 말을 최대한 많이 해야 하며, 실패에 대한 두려움도 박살 내야 한다. 성공하는 사람들은 실패란 오직 성공을 위한 과정이라고 생각한다. 명심하자. 우리는 실수와 실패를 통해 성장할 수 있다.

3. 되뇐다

멘털 관리의 핵심은 나의 감정을 객관적으로 들여다보는 것이다. 마음의 변화를 확인하고 나에게 필요한 것들을 찾아가야 한다. 그 과정에서 우리는 두려움에 직면한다. 이를 해결하기 위해 우리가 계속해서 되뇌어야 할 것은 명확한 목표와 자기 확신이다. 호흡을 가다듬고 부정적인 기운으로부터 벗어나자. 부정적인 생각은 우리에게 닥친 문제를 해결하기 어렵게 만들고 자기 확신 또한 약화할 뿐이다.

4. 듣는다

멘털이 건강한 사람은 자신과 타인에 대한 적절한 존중을 가진다. 그래서 나의 말뿐만 아니라 상대의 말에 귀 기울이는 것을 잘한다. 듣는 것의 목적은 바로 이해이다. 본인의 말을 무조건 부정하라는 것이 아니다. 상대가 가진 새로운 관점을 이해하기 위해 잠시 침묵하고 들어 주란 의미다. 자신의 말을 들을 때도 마찬가지이다. 내가 지금 어떤 마음인지 스스로 들어 주는 시간을 갖고 충분히 이해해야 멘털 관리를 잘할 수 있다.

5. 위로한다

오늘 하루 수고한 나에게 이렇게 말해 주자. "오늘도 수고했어", "조급해하지 마", "잘하고 있어", "하나하나 쉽지 않았을 텐데", "오늘은 이만 푹 쉬어", "앞으로 미래가 기대된다". 생각하는 것과 말로 뱉는 것에는 큰 차이가 있다. 생각은 추상적으로 존재하지만 말은 구체적인 언어로 존재한다. 추상적인 위로는 우리에게 도움이 되지 않는다. 반면, 구체적인 언어의 말은 상당히 큰 위로가 된다. 자신을 위한 말 또한 그렇다. 유치하다고 꺼리거나 망설이지 말고 한번 해 보기를 바란다. 스스로에게 격려의 말을 입 밖으로 내보내는 것, 당신을 위로할 수 있는 훌륭한 방법이다.

리더가 되기 위해 필요한 5가지 자질

1. 완벽히 책임지는 오너십

한 부서의 팀장이 미팅에 참석한다. 이번 성과가 저조하기에 그 팀장은 들어가서 성과를 내지 못할 수밖에 없었던 이유에 대해 변명한다. 사람들은 고개를 끄덕이고 공감하지만, 사실 결과가 좋지 않은 터라 다들 마음이 편하진 않다. 팀장은 이만하면 잘 넘겼다며 미팅을 빠져나온다.

하지만 이런 일들이 계속된다면 팀원들은 그 팀장에게 신뢰를 잃는다. 변명도 한두 번이지 계속해서 하게 되면 발전은커녕 퇴보만 하기 때문이다. 이럴 때는 오히려, 자신의 잘못을 인정하고 어떻게 더 발전할 수 있는지에 대한 건설적인 토론을 하는 것이 훨씬 더 바람직하다. 이처럼 완벽한 오너십은 결과에 깨끗하게 책임을 지고 고개를 숙이는 극강의 책임감을 말한다. 주인의식을 가진 사람이기 때문에 자리에 맞는 합당한 권한을 가지는 것이다. 성공한 사람들은 모두 인생에서 한 번쯤 리더십을 공부하며, 오너십을 터득해야 한다고 말한다. 주체적인 삶과 책임지는 습관을 얻을 수 있기 때문이다.

2. 삶을 통제하는 자제력

리더는 항상 자신의 삶에 있어서 자제력을 높이고 통제하려고 노력한다. 자제력은 욕망을 통제하는 힘이다. 우리는 수많은 충동과 선택에 시달린다. 매 순간 항상 올바른 결정을 내리기 위해서는 탁월한 자제력을 가져야 한다. 자제력이 좋은 사람은 이성적이고 분석적이다. 바라는 마음과 정반대로 행동하는 사람들도 정말 많지만, 이들은 초인적인 자제력을 발휘해 마음과 행동을 일치시킨다.

수많은 리더가 이 역량을 어렵게 터득하거나, 어떻게 터득하는지 알지 못해 어려움을 겪고 있다. 그 이유는 결국 개인의 욕심이 우선시되는 상황이 많기 때문이다. 그러나 리더는 혼자가 아니다. 리더는 팀원의 생사를 결정한다고 볼 수 있다. 그렇기에 개인적인 욕망과 바람을 내려 두고 팀 전체가 살 수 있는 방향을 고민해야 한다. 탁월한 자제력을 가진 리더라면 사리사욕에 빠질 걱정을 크게 하지 않아도 될 것이다.

3. 신속하고 올바른 결정 능력

성공하는 리더들의 특징 중 하나가 바로 결정 능력이다. 미국의 사업가 알렉스 홀모지Alex Hormozi는 올바른 결정을 내리기 위해서는 신생아처럼 푹 잠을 자고 기존의 공간에서 벗어나며 맑은 정신을 유지해야 한다고 말한다. 그만큼 결정 한 번에 많은 것들이 좌우되기 때문이다. 리더들의 증언에 따르면 결정은 돈을 넘어 팀의 생존에도 영향을 미친다. 전쟁터에서 상관의 잘못된 결정이 모든 사람을 죽음으로 몰아넣는 예시가 바로 이것이다.

이와 더불어 중요한 것이 바로 신속성이다. 신중한 결정을 내리는 것도 중요하지만 그런 결정을 빠르게 내리는 능력도 필요하다. 현장에서는 모든 일이 빠르게 돌아간다. 잠깐의 연락 두절이 기회를 날려 버리기도 한다. 팀원들은 해결해야 할 문제가 있을 때 항상 리더를 바라본다. 잘못된 답을 빨리 내리는 것은 피해야겠지만 각 부문의 니즈를 파악하고 신속하고도 올바른 결정을 내려 줘야 한다. 알고 있겠지만 이런 자질은 하루아침에 훈련되지 않는다. 도리어 수많은 잘못된 결정 위에 올바른 결정 능력이 세워진다. 조급해할 필요는 없지만, 리더에게 필요한 역량으로 인지할 필요는 있다. 로마도 하루아침에 지어지지 않았으니까.

4. 탁월한 실행 능력

빠른 실행 능력은 성공하는 리더의 필수 역량이다. 실행력이 중요한 첫 번째 이유는 바로 빠른 실행이 빠른 결과를 만들어 내기 때문이다. 《굿모닝 해빗》의 저자 멜 로빈스Mel Robbins는 테드 강연에서, 일을 할 때는 5초를 세고 바로 시작해야 한다는 '5초의 법칙'을 이야기했다. 그만큼 일을 미루는 것이 너무나도 쉽다는 말이다. 사람들이 일을 미루는 이유는 무엇일까? 우리에게는 하기 싫은 일과 하고 싶은 일이 따로 존재하기 때문이다. 세계적인 자기 계발 전문가 브라이언 트레이시Brian Tracy도 "아침에 일어나서 개구리를 먹어라"라고 하지 않았던가. 여기서 '개구리'는 지금 처리하지 않으면 뒤로 미룰 게 확실한 일, 그러나 당신의 삶에서 아주 중요한 일을 말한다. 어차피 해야 할 일이라면 하기 싫은 일을 먼저 하라는 의미이다.

탁월한 실행 능력을 가끔 좋지 않게 보는 사람들이 있다. 신중하지 못하고 꼼꼼하지 못하다면서 말이다. 하지만 완벽함을 기다리는 신중함 같은 건 성공한 리더들의 자질이 아니다. 성공한 리더들은 수많은 실험과 도전을 만들어 내고 그 과정에서 배우고 수정해 간다. 그리고 이 방법이 성장에 훨씬 유익하고 도움이 된다.

5. 협력하고 팀원을 키우는 능력

팀원들과 함께 일하는 이유는 더 많은 일을 해내기 위해서다. 따라서 리더는 팀원이 맡은 일의 세세한 부분도 살펴봐 줘야 하고 필요한 경우 그들이 수월하게 일할 수 있도록 평소보다 더 많은 일을 해 줘야 한다. 절대로 팀원들에게 업무를 맡기고 가만히 있으면 안 된다. 직접 나서서 일을 더 많이 해 주고 자율적으로 그 길을 찾아갈 수 있도록 이끌어 주자. 전 세계 200여 개국 6억 7,500만여 명이 사용하고 있는 세계 최대 비즈니스 연결 플랫폼 링크드인LinkedIn의 면접에서는 면접자의 최후 목표를 꼭 물어본다고 한다. 회사에 얼마나 헌신할 것인지를 판별하는 자리에서 그 사람의 꿈과 미래를 묻는 이유가 무엇일까? 면접자의 역량이 링크드인에서 성장하기를 바라기 때문이다. 이것이 탁월한 리더의 자세이다.

이 시대의 리더는 카리스마 있게 앞에서 소리치는 사람이 아니다. 그런 사람은 보스Boss이다. 리더는 뒤에서 팀원을 밀어 주고 더욱 큰일을 할 수 있는 사람으로 역량을 키워 주는 사람이다. 당신은 어떤 리더십을 갖추고 싶은가? 함께 일하고 싶은 리더가 되도록 노력해야 한다.

마인드셋 워크시트

생각을 바꾸면, 감정도 결과도 달라진다

1. 자가 진단 질문: 나는 어떤 마인드셋으로 세상을 보고 있는가?

- 나는 일이 잘 안 풀릴 때, 내 잘못이라고 먼저 생각하는가?

- 나는 새로운 도전 앞에서 기대보다 두려움이 앞서는가?

- 내 가능성을 스스로 제한하는 말버릇은 무엇인가?

- 작은 성취에도 충분히 기뻐하는가? 아니면 늘 부족함만 보이는가?

- '나는 원래 이런 사람이야'라는 생각에 나를 가둔 적은 없는가?

2. 나를 멈추게 만드는 제한적 마인드 5가지

- 실패는 나의 무능함을 드러내는 것이라 생각한다

- 노력은 해도 결국 운이 더 중요하다고 여긴다

- 변화는 불안하므로 지금에 만족해야 한다고 믿는다

- 비판을 들으면 곧바로 '나는 틀렸다'라고 느낀다

- 실수는 곧 자존감의 하락으로 연결된다

3. 성장형 마인드셋을 가진 사람들의 사고 방식

- '잘하는 사람'이 아니라 '계속 배우는 사람'을 목표로 한다

- 실패를 능력의 증명이 아닌, 가능성의 발견 과정으로 해석한다

- 문제 상황을 피하지 않고, '나는 이걸 통해 뭘 배우고 있지?'를 묻는다

- 자기비판은 나를 깎지만, 자기 질문은 나를 세운다

- 현실이 답답할수록 생각하는 틀부터 바꾸는 훈련을 한다

4. 실천 과제: 고정관념을 깨는 일주일 훈련

- "나는 원래 안 되는 사람이야"라는 말 대신 다른 표현으로 바꿔 보기

- 하루에 한 번, 나를 칭찬하는 문장 1개씩 기록해 보기

- 최근 겪은 실패의 경험과 그것을 성공으로 바꿀 계획을 작성해 보기

- "왜 나한테만 이런 일이 일어났지?" 대신 "이 일은 나에게 어떤 의미지?"로 전환해 보기

5. 마무리 성찰 질문

- 어떤 관점을 바꾸면 인생이 조금 더 순탄해질까?

- 오늘 내 안의 마인드셋 중 바꾸고 싶은 것은 무엇인가?

Nothing Happens Unless You Do Something

Chapter 4.
행복

부자들이 중요하게 생각하는 5가지

1. 건강

부자들은 건강의 중요성을 잘 알고 있다. 그들에게 가장 소중한 자산은 그 무엇도 아닌 바로 건강이다. 건강을 잃으면 얼마나 많은 돈을 갖고 있든 아무런 의미가 없기 때문이다. 만약 당신이 많은 돈을 가졌지만 평생 침대를 떠날 수 없는 몸이 되었다고 생각해 보자. 그러면 당신이 돈으로 할 수 있는 것은 VIP 병동에 들어가는 일 말고 아무것도 없을 것이다. 하지만 많은 돈을 가지고 있으며 건강도 잘 관리한 사람들은 어떻게 될까. VIP 식당에 건강한 모습으로 앉아서 맛있는 음식을 먹으며 사람들과 대화를 나누고 있을 것이다. 이러한 단편적인 부분을 제외하고도 건강은 정말 중요하다. 만약 돈이 없더라도, 건강한 정신과 육체가 따라 줘야만 당신의 시간 관리가 어긋나지 않을 것이다. 건강해야 당신이 더 많은 성공을 위해 열심히 뛰어갈 수 있다는 점도 잊지 말아야 한다. 따라서 부자들은 건강한 체력과 정신을 갖기 위해 노력한다.

건강은 삶의 질을 높이고, 긴 호흡으로 인생을 살아갈 수 있도록 한다. 부자들이 열정적이고 절제된 삶을 유지하기 위해 가장 먼저 신경 쓰고 있는 것이 바로 건강임을 기억하기를 바란다.

2. 음식

부자들은 되도록 가공식품을 먹지 않으려 한다. 유기농 채소나 과일을 사용한 식사를 한다. 또 영양제를 먹는 것보다 풍부한 영양소가 골고루 있는 식사를 선호한다. 이렇게 건강한 식사가 건강한 삶으로 이어지는 것은 당연하다.

세계적인 축구선수 크리스티아누 호날두Christiano Ronaldo는 전문 요리사를 두는 것은 물론 탄산음료는 절대 입에 대지도 않으며, 유기농 채소로 몸을 관리하기로 유명하다. 이는 같은 축구선수들이 봐도 혀를 내두를 정도이다. 그는 좋은 음식으로 몸을 관리하는 것이야말로 자신이 더 오래 필드를 누빌 수 있게 해 준다는 사실을 잘 알고 있다. 하지만 우리는 대부분 음식은 좋지 않은 것들만 먹으면서 영양제는 좋다는 걸 이것저것 먹으려고 한다. 이는 돈 낭비이기도 하다. 애초에 그 돈으로 괜찮은 음식을 먹는 게 훨씬 더 유용하고 가치 있는 몸 관리다.

인스턴트 음식 섭취와 주 3회 이상의 음주, 식사를 거르는 일 등은 우리의 컨디션을 악화시키는 습관이다. 식사 습관을 바로잡고 좋은 음식을 먹어야 건강해질 수 있다.

3. 수면

부자들은 자신의 수면 패턴을 지키기 위해 최선의 노력을 다한다. 인생에서 수면은 굉장히 중요한 요소이며 무엇보다 당신의 하루 컨디션을 결정하는 데 큰 지분을 차지하기 때문이다. 보통의 사람들은 잠을 잘 시간까지 쪼개서 활용해야 성공할 수 있다고 생각한다. 잘 생각해 보자. 우리는 학창 시절 하루 3~4시간만 자면서 공부하면 좋은 대학을 갈 수 있다고 하며 그걸 따라 했었다. 하지만 중요한 건 잠을 줄이는 게 아니라 그 시간에 얼마나 집중도 있게 몰입하느냐다. 10시간을 공부한답시고 책상에 앉아 다른 생각을 하는 것보다, 1시간을 앉아 있더라도 집중해서 공부하는 편이 훨씬 더 효율적이다.

공부뿐만 아니라 모든 분야의 상위 1%들은 수면 시간을 중요하게 생각한다. 세계적인 부자들 대부분은 하루 약 7~8시간의 수면 시간을 유지한다. 실제로 수면 시간이 부족하면 두뇌 회전이 원활하지 않으며, 아이디어를 만들어 내는 창조성이 떨어진다. 공부도 마찬가지다. 단순히 외우고 문제를 푸는 것만이 공부가 아니다. 문제를 풀고 외우기 위해서는 고민을 충분히 해야 한다. 하지만 대다수는 이러한 점을 무시한 채 수면을 줄이는 데만 집중한다. 수면을 줄이지 말고 깨어 있는 시간을 효과적으로 사용하는 게 더 훌륭한 방법일 텐데 말이다. 수면은 스트레스를 줄이고 문제해결 능력을 키운다. 부자들은 질 좋은 수면을 통해 일의 효율을 높인다. 그러니 잘 시간이 없다는 말은 그만하고 주어진 시간을 효과적으로 사용하는 데 집중하기 바란다. 잘 자는 것이야말로 당신을 성공으로 이끄는 길이기 때문이다.

4. 돈

부자들도 돈을 중요하게 여긴다. 돈을 중요하게 여겨서 많이 벌었기 때문에 이들이 부자라고 불리는 것이다. 그러니 부자들이 내뱉는 "돈은 별로 가치가 없고 그냥 행복하면 그만이야"라는 말은 무시하도록 하자. 그들이 돈을 중요시했기에 그 자리에 가게 되었다는 건 두말할 것도 없다. 하지만 그들이 우리와 다른 건 돈뿐만 아니라 다른 여러 가지 것들도 모두 중요하게 여겼다는 점이다.

부자들은 서비스와 상품을 개발하여 그 결과물로 돈을 번다. 그리고 개발을 하기 위해서 여러 설비와 전문가에게 돈을 쓰며, 자신의 시간을 열심히 투자하기 위해 노력한다. 하지만 이들이 부자가 된 이유 중 가장 중요한 것은 바로 돈의 원리에 대해 정확히 이해하고 있다는 점이다. 이들은 돈을 다루는 전략을 누구보다 잘 알고 있다. 투자는 기본이다. 이는 돈을 부르는 마법의 공식이다. 부자가 시간과 상관없이 돈을 버는 이유가 바로 여기에 있다. 시간은 한정적이다. 시간과 타협하며 돈을 버는 한 절대 부자가 될 수 없다. 부자들은 매일 돈의 몸집을 키우기 위한 방법을 연구하고 실행한다.

5. 행복

행복하게 사는 비결은 사람마다 다르고, 행복의 정의도 사람마다 다르다. 예를 들어 누군가는 친구와 시간을 보내는 것이 행복이라고 말하지만 또 누군가는 그저 혼자 집에서 노는 것이 가장 큰 행복이라고 말한다. 이런 사례만 살펴봐도 행복한 삶에 대한 생각이 모두 다르다는 것을 쉽게 알 수 있다.

누군가는 지금의 행복이 가장 중요하다고 말한다. 그러나 대부분의 부자는 현재의 행복만큼 미래의 행복도 중요하다고 생각하는 경향이 있다. 지금 내린 선택이 훗날 우리의 행복을 결정하기 때문이다. 이들은 미래가 어떻게 될지 모르기 때문에 비전을 세워야 한다고 생각한다. 그리고 행복한 미래를 위해 대부분의 열정을 비전을 위해 쓴다. 지금 당장 행복해지고 싶다는 사람들은 잘 생각해 볼 필요가 있다. 지금 불행한 이유는 어쩌면 먼 미래의 행복을 위해 아무런 준비를 하지 않았기 때문일지도 모른다. 결국 과거에 준비하지 않았고, 현재는 불행하니 눈앞의 행복만 찾는다면, 당신의 미래는 또 불행해질 수밖에 없다. 무엇보다 더 중요한 것은 나이를 먹을수록 당신이 누릴 수 있는 눈앞의 행복 선택지는 더 줄어들 수밖에 없다는 점이다. 그러니 더 멀리 보고 먼 행복에 대한 선택과 계획을 해내야 한다.

성공한 사람들의 24시간에 항상 존재하는 5가지

1. 모닝 마인드풀니스 Morning Mindfulness

아침은 탁월한 집중력과 몰입을 만드는 시간대이다. 따라서 성공한 사람들은 아침에 전력을 쏟아붓는다. 무거운 눈꺼풀을 올리고 아침을 밝혀 보자. 이때를 사로잡으면 하루를 쟁취할 수 있다. 밤을 새워 새벽에 무언가를 하면 집중이 잘된다고 착각하는 사람들이 많다. 연락 오는 곳도 없을뿐더러 그냥 밤이 마음에 든다는 것이다. 하지만 과학적으로 확실하게 증명된 사실은, 아침은 일을 이성적으로 할 수 있는 시간이지만 새벽은 이성이 부족해지고 감성이 충만해지는 시기라는 것이다. 그렇기에 실제로 새벽까지 열심히 작업한 걸 눈 뜨고 일어나 다시 보면 지워야 하는 경우가 허다하다. 그러니 성공을 위해선 아침을 잘 활용해 볼 필요가 있다. 집중 능력과 능률을 높이는 능력이 충만한 상태가 되도록 하자. 그렇게 하면 우리 인생에 변화가 찾아올 것이다.

2. 운동

결국 해내는 사람들은 꾸준한 운동을 통해 신체와 정신을 단련한다. 단순히 '멘털 갑'이 되기 위한 것이 아니라 평정심을 위한 훈련이다. 운동은 건강을 위해서뿐만 아니라 감정을 맑게 하기 위해서도 필수이다. 몸이 무너지면 마음이 무너지고, 그 반대로 마음이 무너지면 몸이 무너진다는 이야기를 많이 들어 봤을 것이다. 근거 없는 말이 아니다. 실제로 정신분석학에서도 몸이 무너지기 시작하면 정신도 같이 무너지게 된다고 말한다. 그렇기에 건강한 정신과 신체 상태를 유지하는 것은 하루를 잘 살아가기 위한 올바른 자세이다. 성공한 사람들이 절대 운동을 소홀히 하지 않는 이유도 이 때문이다. 실제로 몸이 무너지기 시작하면 정신도 함께 무너진다는 걸 경험했기 때문이다. 몸과 마음의 건강, 그 균형 속에서 올바른 길을 찾을 수 있다. 균형을 유지하는 방법을 알아야 내가 가진 것을 지킬 수 있고, 쉽게 무너지지 않는 정신과 육체를 가질 수 있다는 사실을 절대로 잊지 말아야 한다.

성공한 사람들은 하루 일정한 시간을 정해 놓고 운동을 한다. 성공하고 싶다면, 가벼운 운동부터 시작해 유산소 운동과 근력 운동을 해 보자. 점점 달라지는 나의 신체와 마음을 마주할 수 있을 것이다.

3. 독서

독서는 최소한의 비용과 시간으로 한 사람의 경험이나 지식을 살 수 있는 유일한 방법이다. 따라서 성공한 사람들은 독서, 독서, 독서를 강조한다. 이들은 하루 최소 30분에서 1시간, 길면 5시간까지 독서를 한다. 독서는 이들에게 세상을 올바로 볼 수 있는 안목을 제공하고, 자신이 직면한 어려운 상황을 해결하는 지혜를 주기도 한다. 또한 마음을 정돈하고 충전하도록 북돋우는 다정한 친구의 역할도 한다.

특히 자기 계발을 해야겠는데 무엇을 해야 할지 모르겠다면 당장 서점으로 달려가는 편이 낫다. 독서는 세상

무엇보다 자기 계발에 효과적이지만 다들 독서 빼고 다른 것으로 원하는 걸 얻으려고 한다. 어떻게든 힘든 건 싫고 쉽게 무언가를 얻고 싶어 한다면, 당신은 스스로를 속이며 얄팍한 꼼수를 부리고 있는 것이다. 성공한 사람들은 언제나 독서하기 위해 노력한다. 독서할 시간이 없다 투덜거리지 않고 스스로 시간을 내서 책을 읽는다. 출퇴근하는 지하철에서, 점심시간 잠깐 짬을 내어서, 자기 전에, 단 한 페이지라도 읽으려 한다. 그리고 그런 자신의 태도를 좋아하는 사람들과 함께한다. 자신의 인스타그램에 '좋아요'를 잘 눌러 주는 사람이 아니라, 책을 좋아하는 자신을 좋아해 주는 사람을 사귀는 것이다. 세상에 그보다 좋은 자기 계발과 인맥 형성은 없다.

4. 혼자만의 시간

성공한 사람들은 고독의 시간에 집중한다. 간혹 혼자 있을 때 외로움과 허전함을 견디지 못하는 사람들이 있다. 하지만 고독은 외로움과는 완전히 다른 개념이다. 고독은 사회나 다른 사람으로부터 분리되어 고립된 상태를 말하는 것이다. 이에 반해 외로움은 어떤 상황에서 자신이 고립된 상태를 말한다. 공간에서 분리된 것과 상황에서 분리된 것은 다른 의미를 가진다. 성공한 사람들은 혼자 고독의 시간을 즐긴다. 사람과 사회에서 잠시 분리된 이 시간 동안 잠시 멈춰서 그동안 달려온 시간을 돌이켜 보고 자신이 제대로 된 방향으로 가고 있는지에 대해 고민한다. 또한 자신만큼은 늘 자기 편이라고 생각하며 스스로를 응원하는 시간을 보내는 것에 주력한다. 이렇게 멈춰서 혼자만의 시간을 보내는 것은 매우 중요하다. 쉽게 말해 매일 달려가다 챙기지 못했던 길을 다시 한번 되짚어 보며 떨어뜨린 건 없는지 못 보고 지나친 건 없는지, 천천히 돌이켜 보는 것이다.

이러한 자기 반성과 스스로를 응원하는 과정은 어떠한 시련에도 굴하지 않는 힘을 만든다. 또한 성공한 사람들은 고독을 긍정하고 즐기며 내면의 깊이를 더하는 데 집중한다. 이들이 혼자만의 시간을 허투루 보내는 일은 없다. 혼자 있는 시간에 독서를 하든 사색을 하든 오직 나를 위해 보낸다.

5. 몰입

성공한 사람들은 비록 적은 시간이라도 최대한의 몰입을 통해 성취를 이뤄 낸다. 세계적인 과학자 알베르트 아인슈타인Albert Einstein은 과학뿐만 아니라 그가 연구하는 태도를 통해서도 우리의 삶에 많은 영향을 끼쳤다. 성공을 위한 첫 번째 필수 능력이 무엇이냐는 질문에 아인슈타인은 지치지 않고 하나의 문제에 육체적, 정신적 힘을 쏟을 수 있는 능력이라고 답했다. 그는 그것이 매우 힘든 일이라고 말하기도 했다. 아인슈타인 같은 천재도 몰입이 가장 중요하다고 강조했는데, 천재가 아닌 우리는 몰입조차 하지 않는 경우가 허다하다. 천재는 노력으로 될 수 없을지도 모른다. 어느 정도 타고난 점이 있어야 할 것이다. 하지만 몰입은 노력으로 만들 수 있다. 많은 사람이 이를 외면하고 있지만 말이다. 정확히 말하면 많은 사람이 노력하지 않는다.

위대한 위인뿐만 아니라 성공한 사람들은 자신이 하고자 하는 일에 엄청난 몰입을 하며 살아간다. 몰입은 불필요한 정보들을 걸러 내고 내가 직면한 문제를 해결할 수 있도록 한다. 이들처럼 방해하는 모든 것을 차단하고, 몰입을 만드는 환경적 여건을 완비하자. 그리고 최대 몰입 시간을 측정해 보자. 몰입 또한 근육처럼 단련된다. 점점 시간을 늘리자.

인생을
더 행복하게 만드는
4가지 원칙

1. 무엇이 나를 불행하게 만드는지 안다

인생을 행복하게 사는 사람들은 무엇이 나를 불행하게 만드는지 정확하게 알고 있다. 그리고 그 불행을 제거하기 위해 노력한다. 어느 날 마음 한구석에 나의 기분을 갉아먹는 무언가가 있음을 깨달았다고 치자. 그것이 무엇인지 알려고 하지 않고 외면한다면 언젠가 '이것'은 점점 커져 나를 삼켜 버릴 수도 있다. 심지어 나중에는 그런 모습에 익숙해져 자신은 늘 불행한 게 당연하다고 생각하는 사람들 또한 생기는 것이다. 가장 안 좋은 경우는 불행을 외면하다 스스로 불행 그 자체가 되는 사람들이다. 누구도 불행하기 위해 태어나지 않았다. 우리 개개인 모두는 행복할 권리를 가지고 있다.

행복해지기 위한 가장 좋은 방법으로 내면의 불편감을 마주하기를 추천한다. 우리에게는 모든 것을 하나하나 다 마주할 용기가 필요하다. 그렇다, 이것은 정말 용기이다. 남에게 말을 거는 것만이 용기가 아니라 나의 불행에게 말을 거는 것 또한 용기가 필요한 일이다. 불편하고 찝찝한 것들의 껍질을 하나하나 벗겨 보자. 그리고 실체를 살펴보자. 그것은 내 인생을 불행하게 만드는 요인일 확률이 매우 높다. 이것을 알고 모르고의 차이는 엄청나다. 무엇이 나를 불행하게 만드는지 아는 것은 행복한 삶을 살아가기 위한 출발점에 섰다는 의미이다.

2. 행복에 대한 새로운 정의를 내린다

행복에 대해 스스로 새로운 정의를 내리는 것이 중요하다. 우리는 사전의 존재를 잘 알고 있다. 서점에서도 인터넷에서도 찾을 수 있는 사전 말이다. 하지만 성공한 사람들에게는 이러한 사전뿐만 아니라 자신만의 사전 또한 존재한다. 이들은 그 사전 안에서 일상 속 다양한 단어들을 정의 내리는 것을 즐기고, 자신이 내린 정의에 맞춰 삶을 살아가려 노력한다.

당신이 생각하는 행복이란 무엇인가? 아니 더 나아가 당신만의 사전에 '행복'이란 단어는 무엇이라 정의 내려져 있는가? 돈 많은 삶? 남들이 부러워하는 삶? 다른 사람이 말하는 행복 말고 내가 말하는 행복의 정의를 내려 보자.

내가 정의하는 행복이란 마음속 평온함을 갖는 것이다. 흔들리지 않는 나만의 편안함. 그것이 바로 행복이다. 종종 거창한 단어들로 정의를 내리려는 사람들이 있다. 남들에게 보여 준다는 생각 때문에 행복의 정의를 거대하고 대단하게 설정하려는 경우다. 하지만 그러지 않아도 된다. 당신이 표현할 수 있는 말 중 가장 적절한 언어를 고른다면 충분하다. 심지어 만약 행복을 표현하는 것에 욕설을 써야 한다면 그렇게 써도 상관없다. 이는 다른 사람의 행복이 아닌 오로지 당신만의 행복의 정의이기 때문이다. 그러니 가까이서 쉽게 찾자. 행복은 멀리 있지 않다. 무엇이 나를 행복하게 만드는지 나열해 보자. 나를 행복하게 만드는 것들을 마주하자. 그것들을 바탕으로 행복에 대한 나만의 정의를 내리자.

3. 나쁜 상황을 제거하면 행복이 온다

만약 당신이 더욱 행복한 사람이 되고 싶다면 나쁜 상황을 제거하는 일에 집중해야 한다. 몇 가지 상황을 제거한 것만으로도 당신의 행복은 더욱 커질 것이다. 일이 내 뜻대로 풀리지 않는 상황을 맞닥뜨렸을 때 우리는 자연스레 이 상황이 더 나빠질 것이라는 생각을 하게 된다. 심리적으로 이러한 동요가 일어나면 우리는 지금의 나쁜 상황을 더 부정적으로 평가하고 앞으로 일어날 수 있는 나쁜 상황과 연결 짓기도 한다. 물론 그렇게 될 가능성도 있지만, 우리가 생각하는 최악의 상황은 그리 자주 일어나지 않는다.

당신의 여러 일들을 돌이켜 보자. 안 좋은 일이 있을 때도 있었지만 복구 불가능할 정도로 최악의 경우로 간 일이 얼마나 될까? 보통은 '그래도 최악은 아니어서 다행이다'라고 끝나는 경우가 더욱 많지 않나. 바로 이러한 점이다. 최악의 경우를 고려하는 것은 좋은 태도이지만, 거기에 매몰되어서는 안 된다. 최악의 경우만 생각하느라 정신을 못 차리는 사람들이 많다. 이러한 태도의 가장 나쁜 점은 무엇보다 그 상황의 긍정적인 면을 살피지 못하게 된다는 것이다. 좋은 일이 함께 일어날 가능성도 있다는 것을 염두에 두자. 그리고 나쁜 상황을 하나씩 제거해 보자. 그래야 좋은 방향으로 삶을 이끌어 나갈 수 있는 힘을 얻을 것이다.

4. 마음과 정신의 찌꺼기를 없앤다

당신의 인생이 더 나은 인생이 되기 위해서는 마음과 정신을 방해하는 찌꺼기를 없애는 일에 집중해야 한다. 우리의 생각과 정신에는 여러 찌꺼기가 존재하는데, 그러한 찌꺼기를 무시하고 방치하게 된다면 쌓이고 쌓여서 거대한 덩어리가 된다. 덩어리가 된 찌꺼기는 당신의 삶에 악영향을 끼쳐 찌꺼기를 통해 움직이는 삶으로 만들어 버린다.

당신이 아침에 눈을 떴다고 생각해 보자. 눈을 뜨고 저녁에 눕기 전까지 우리가 마주하게 되는 수많은 것들은 하루 동안 모두 소비되지 못하고 찌꺼기가 되어 남아 있다. 마주친 사람들과의 감정, 오늘 겪은 사건에 대한 불필요한 고민들, 나아가 아직 일어나지 않은 일에 대한 불안 등이 그런 것이다. 깊은 감상에 빠져 있게 하는 여운과는 달리 찌꺼기는 나의 마음을 혼란스럽게 하며 괴롭히기까지 한다. 그래서 그것은 점점 당신을 잠식해 나가려고 한다.

그렇기에 사람은 누구나 자기만의 내적 공간에서 자신을 마주하는 시간을 가져야 한다. 그리고 이러한 자신을 되돌아보는 것은 마음의 찌꺼기를 없애는 데에 매우 효과적인 방법이다. 아무런 잡념이 생기지 않는 시간을 갖고 하루 30분, 나만의 시간을 보내며 마음과 정신의 찌꺼기를 없애도록 하자. 그러다 보면 나의 내일은 조금 더 행복해질 수 있을 것이다.

부정적인
마음의 싹을 잘라 내는
4가지 방법

부정적인 생각은 독성을 지니고 있다. 마치 충치 같아서 그대로 방치하면 더 썩어 간다. 충치를 그대로 방치하면 무슨 일이 일어날까? 결국 이 자체를 뽑아내지 않으면 안 되는 상황이 된다. 그렇기에 초반에 싹을 제거해야 한다. 아래에서 《부의 해답》의 저자인 존 아사라프John Assaraf를 비롯한 부자들이 말하는, 효과적으로 부정적인 마음을 제거하는 5가지 방법을 제안하고 싶다.

1. 가볍지만 탁월한 효과, 감사 일기

감사하기는 아래 제시된 방법 중에 뇌과학의 측면에서 증명된 가장 효과적인 방법이다. 원리는 생각보다 간단하다. 뇌는 기본적으로 우리가 집중하는 것을 더 주의 깊게 바라본다. 따라서 감사한 것에 집중하면 감사한 것을 더욱 강화한다는 말이다. 부정적인 감정의 싹을 잘라 버려야 하는 이유가 여기에 있다. 부정적인 감정을 받아들이고 그대로 방치하면 우리의 뇌는 부정적인 것에 더 집중한다. 그것에 더욱 집중하니 자연스럽게 부정적인 것을 끌어오게 되는 것이다. 일이 잘되고 잘 풀리는 사람들의 이면에는 이러한 심리적 효과가 있다. 한번 일이 잘되고 잘 풀리기 시작하니 좋은 일에 관심을 기울이고 그것이 결국 더 좋은 일을 불러온다.

  감사 일기를 작성하는 법 또한 너무 쉽다. 노트 한 권을 준비하고 감사한 것을 3~5가지 정도 적으면 끝이다. 감사한 것을 머릿속으로 찾는 동안 뇌는 부정적인 것에 대한 생각을 멈추고 긍정적인 면을 찾게 되어 자연스럽게 부정적인 감정과 생각이 사라진다. 감사 일기는 이상적으로는 아침에 적는 것이 좋지만 하루를 마무리하며 적어도 괜찮다. 우리가 바라는 모습은 결국 항상 감사하는 모습일 테니 말이다.

2. 많은 양의 감정을 해소하는, 글쓰기

글을 일종의 창작 영역으로 분류하는 사람들이 많지만 그에 앞서 글은 '해소'의 영역이다. 무언가를 표현하고 나타내는 역할을 한다. 부정적인 생각을 끊어 내는 관점에서는 더더욱 그렇다.

감당하기 어려운 일이 있을 때 그 감정과 상황을 글로 낱낱이 적어 보자. 필요하다면 욕을 해도 좋다. 개인적인 생각을 마음껏 나열해도 좋다. 왜 그 사람이 틀리고 내가 옳은지를 논리적으로 평해도 좋다. 필요한 모든 글이 쓰이고 나면 굉장히 차분해질 것이다. 그제야 깨닫는다. 내가 얼마나 오랜 시간 동안 부정적인 생각에 인생을 허비하고 있었는지 말이다.

매일매일 긴 분량의 글을 쓰는 것은 물론 어렵다. 하지만 부정적인 감정이 차오를 때는 감정을 담아 두는 노트에 글을 적어 보자. 글의 마지막 문장 즈음에는 넘쳐흐르던 감정이 해소되어 있는 자신을 발견하게 될 것이다.

3. 지쳐서 포기하고 싶을 때, 동기부여

토니 로빈스가 내담자와 해변가에 앉아 대화를 나눴

다. 그리고 토니 로빈스는 그에게 이렇게 이야기했다.

> 인간은 가만히 두면 행복해지는 존재가 아니에요. 가만히 두면 오히려 부정적으로 변하죠. 그렇기 때문에 부정적인 마음을 끊어 내고 긍정적인 것들로 삶을 채워야 할 필요가 있어요.

토니 로빈스의 말이 옳다. 인간은 가만히 두면 점점 부정적으로 변한다. 가만히 둔다고 행복해지지 않는다는 것이다. 가만히 있어서 행복하다면 모두가 집순이 집돌이가 되지 않을까? 이러한 이유 때문에 성공한 사람들은 동기부여를 '기술'이라고 부른다. 자신을 항상 동기 부여된 상태로 유지하는 것은 삶의 아주 유용한 기술이다. 형태는 중요하지 않다. 음성일 수도 있고 영상일 수도 있다. 중요한 건 그 매개체를 통해 부정을 끊어내고 인생이라는 전쟁을 치를 준비를 한다는 점이다.

아침에 출근할 때 피곤하고 힘이 드는가? 그렇다면 평소에 인상 깊게 봤던 동기부여 영상을 꺼내 보자. 다시 한번 용기 있게 도전해 보고 싶은 마음이 들 것이다. 성공한 사람들은 동기부여의 기술로 24시간을 뜨겁게 살아가고 있다.

4. 마음을 관조하는, 명상

성공한 사람들의 아침 루틴에는 항상 명상이 빠지지 않는다. 시간이 길든 짧든 그건 중요하지 않다. 명상이 제시하는 의미가 더욱 크기 때문이다.

한 다큐멘터리에서 티베트의 유명한 고승을 찾아 명상의 효과를 살펴보기로 했다. 연구 결과, 명상을 꾸준히 오래 한 사람은 부정적이고 고통스러운 순간이 찾아왔을 때 그것을 덜 느끼도록 뇌가 변해 있다는 사실을 발견했다. 굉장히 사소해 보이지만 아주 중요한 발견이다. 부정적인 사건이 일어났을 때 우리는 그 사건에 주목하고 그것을 현미경으로 보듯 확대해서 보는 경향이 있다. 그렇게 하는 대신 꾸준한 명상을 통해 좋지 않은 일에는 신경을 끌 수 있다면, 상황을 이성적이고 객관적으로 바라볼 수 있을 것이다. 올바른 선택을 한다면 인생을 덜 허비하게 된다.

이렇든 명상은 자신을 용납하고 관조하며 분별하는 행

위이다. 단 5분이라도 정기적인 명상에 도전해 보자. 화내지 않고 차분하고 지혜롭게 대처하는 자신을 발견하게 될 것이다.

돈과 행복을 모두 얻는 부자들의 4가지 생각

1. 돈은 인생의 궁극적인 목표가 아니다

부자들은 돈을 인생의 궁극적인 목표라 생각하지 않는다. 이들은 궁극적인 목표를 행복이라 생각한다. 누군가는 부자를 돈만 좇고 돈에만 집착하는 사람으로 보기도 한다. 그러나 그건 아마도 부자들의 이미지를 크게 잘못 그리고 있거나 몇몇 사람의 모습만 보고 너무 쉽게 판단 내렸을 가능성이 높다. 물론 돈은 중요하다. 돈이라는 것은 우리의 인생을 살아가는 데 절대 없어서는 안 될 필수 요소이기 때문이다. 하지만 부자들은 보통 돈을 인생의 궁극적인 목표로 세워 두지 않는다. 그들에게 돈은 단순히 자신의 성공을 이루기 위한 중요한 수단일 뿐이다. 돈이 성공을 대체하는 말이 될 수는 있어도 성공이 돈을 대체하는 말이 될 수는 없다. 부자들은 이를 잘 알고 있다.

돈은 부자들이 이루고자 하는 인생 목표를 향해 함께 달려가는 동료일 뿐이다. 결국 이들이 생각하는 가장 중요한 것은 삶의 가치이다. 자신이 어떠한 가치 있는 일을 하고 있고 또한 어떠한 꿈을 향해 달리고 있는지가 중요한 것이다. 그렇게 자신이 믿고 사랑하는 가치를 쫓아가다 보면 돈은 자연스럽게 따라오게 된다. 부자들은 그 사실을 잘 알고 있다. 그렇기에 그들은 오히려 돈에 집착하는 사람들을 그다지 좋아하지 않는다. 그들을 그 자리에 있게 한 건 돈에 대한 집착이 아닌 꿈에 대한 사랑이기 때문이다.

2. 돈을 위해 중요한 가치를 희생하지 않는다

부자들은 돈을 위해 중요한 가치를 희생하지 않으려 노력한다. 아니, 하지 않는다는 말이 더욱 어울린다. 어떤 것의 가치를 우위에 두느냐는 사람마다 다르다. 누군가는 가족에 더 큰 가치를 둘 수 있고, 누군가는 친구 또는 공부, 학벌에 가치적 우위를 두기도 한다. 이 세상에 돈보다 중요한 가치는 많을 수 있다. 특히 어떤 부자들은 돈보다 시간이 중요하다고 말한다. 시간은 돈처럼 다른 사람과 나눌 수 있는 물건이 아니며, 그러면서도 누군가의 삶의 핵심을 차지하고 있는 것이기 때문이다. 무엇보다 시간은 재구매가 불가능하다. 쌓아 두었다 나중에 사용하는 것 또한 불가능하다. 시간은 흐르고 절대 멈출 수 없기 때문이다. 그렇기에 매 순간은 다시 돌아오지 않을 소중한 순간이다.

"지금 이 순간이 가장 젊다"라는 말처럼 우리는 매일 늙어 가고 있다. 그렇기 때문에 부자들은 돈보다 중요한 가치인 시간을 허투루 쓰지 않는다. 시간을 자신의 것으로 만들기 위해 노력한다. 실제로 부자가 된다는 것은 자신이 원하는 삶을 살아가기 위해 시간을 확보할 수 있다는 말과 같다. 그렇기에 그들은 돈을 위해 시간을 희생하지는 않는다. 앞서 말했듯 돈은 그들의 삶에 있어서 수단일 뿐 목적이 되지는 않는 것이다.

3. 돈보다 중요한 가치를 돈으로 산다

부자들은 돈보다 더 중요한 가치를 찾아 돈을 쓴다. 화장품 업계에서 유명한 어느 외국 대기업이 한국의 한 화장품 회사를 어마어마한 돈을 주고 인수해 큰 화제가 된 적이 있다. 이는 단순히 회사 하나를 인수한 것이 아니라 중요한 가치를 돈으로 사게 된 좋은 투자라고 할 수 있다. 외국 회사들이 한국에 진출할 때 직접 진출하는 것보다 한국 회사를 인수해서 진출하는 경우가 많다. 이는 한국의 화장품 회사가 고객과의 신용을 쌓기 위해 소비한 시간과 그로 인해 쌓아 올린 브랜드 가치를 동시에 인수하는 것과 같기 때문이다. 그렇게 된다면 외국 회사가 한국 시장에 진출할 때, 고객과의 신용을 쌓기 위해 들여야 하는 비용이 훨씬 더 절감된다. 우리가 시간을 사는 것이 불가능하다는 걸 아는 것처럼, 시간을 들여 쌓아 놓은 신용은 매우 높은 가치를 지닌 것이다. 그 가치가 얼마나 대단한지를 아는 것 또한 매우 중요하다. 이렇듯 돈보다 중요한 가치를 알고 그것을 돈으로 사는 것이 부자다. 앞서 말했듯 부자는 시간을 돈보다 중요한 가치로 두고 시간을 돈으로 산다. 자기가 직접 일을 해서 이득을 얻기보다는 돈이 돈을 벌 수 있는 투자나 사업을 활용하여 자신의 시간을 자유롭고 효율적으로 사용한다. 세상에는 시간을 통해 가질 수 있는 중요한 가치들이 있다. 그중에는 지식과 관계도 있고, 나아가 여러 데이터 또한 그러하다. 부자들은 그런 가치에 돈을 쓴다. 쉽게 사라지는 일회성 가치에 돈을 쓰는 것은 최대한 자제한다.

4. 돈으로 살 수 있는 것과 못 사는 것을 정확히 안다

부자들은 돈으로 살 수 있는 것과 못 사는 것을 정확히 안다. 시장경제 사회에서 돈으로 살 수 있는 것들이 늘어나면서 우리 삶은 편리해졌다. 예를 들어 기존 배달 요리가 짜장면이나 치킨 정도였다면, 요즘은 앱을 통해 스테이크, 와인, 랍스터 등등 예전에는 상상도 할 수 없는 것들을 주문하는 것이 가능해졌다. 심지어 주문하면 슈퍼에서 장도 대신 봐 주는 시스템도 갖춰져 있다. 이만큼 우리의 삶은 굉장히 편리해졌다. 그러나 그만큼 불공정한 일도 많아졌고, 사람들이 가진 도덕성 또한 약해졌다.

돈이 있으면 특권을 살 수 있고, 돈으로 한 사람을 평가하기도 한다. 돈이 가지는 유용성은 쉽게 말해 '갑질'이라는 단어를 더욱 부각한다. 자신이 돈으로 여러 가지를 할 수 있다고 믿으며 돈만 있으면 자신의 사회적 위치도 같이 상승한다는 잘못된 믿음이다.

'부자는 모든 것을 돈으로 살 수 있다'라고 생각하는 사람들이 많다. 그러나 오히려 부자들은 돈으로 살 수 있는 것과 돈으로 사지 못하는 것을 정확히 구분한다. 사랑이나 건강, 사람들의 마음은 돈으로 얻을 수 있는 것이 아니다. 돈으로 살 수 없는 것들을 얻기란 돈으로 무언가를 얻는 것보다 힘든 일이 될 수도 있다. 돈으로 살 수 있는 것과 그렇지 않은 것을 정확히 아는 것, 돈과 행복을 모두 얻는 길의 출발점이 될 것이다.

행복 워크시트

"행복이란 무엇일까"라는 질문 앞에 머무르기

1. 자가 진단 질문: 나는 어떤 인생을 살고 있는가?

- 나는 지금의 일상이 '살고 있는 것'처럼 느껴지는가? '버티는 것'처럼 느껴지는가?

- 바쁘게 흘러가는 일상 속, 내가 원하는 삶의 방향을 놓치지는 않았는가?

- 삶의 주도권을 내가 쥐고 있다는 감각이 있는가?

- 인생을 '정답 찾기'가 아닌 '해석해 나가는 과정'으로 보고 있는가?

- 최근 내가 가장 간절히 바란 삶의 장면이 있었는가?

2. 인생을 버겁게 만드는 5가지 착각

- 인생에는 반드시 정해진 루트가 있다고 믿는다

- 남들이 다 가는 길에 서 있으면 안심된다

- 나이, 성취, 관계 등 일정한 시기마다 기준을 맞춰야 한다

- 내 감정보다는 사회적 기준이 우선이다

- 잠시 멈추는 것조차 불안하게 느껴진다

3. 행복한 삶을 사는 사람들의 태도

- 인생을 의미 있는 질문들로 채운다

- 남과 다른 경로를 걸어도, 그것이 나에게 충분한 삶임을 인정한다

- 아무도 내 편이 아니라고 느껴질 때 가장 먼저 내 편이 되어 준다

- '잘 살아야 한다'라는 부담보다, '진짜 나답게 살고 있는가'를 묻는다

- 완성보다 진행 중인 나를 응원하는 감각을 잃지 않는다

4. 실천 과제: 행복을 바라보는 방식 바꾸기

- 나만의 행복 정의 쓰기: "나에게 행복이란 _____ 이다"

- 최근 1년간 가장 의미 있었던 경험 3가지 기록해 보기

- 내가 사랑하는 나의 모습을 떠올리고 이유 작성해 보기

- '죽기 전 꼭 하고 싶은 10가지 리스트' 작성해 보기

5. 마무리 성찰 질문

- 나는 지금의 나를 얼마나 사랑하고 있는가?

- 나만의 행복 이야기를 쓴다면 어떤 문장으로 시작하고 싶은가?

Chapter 4. 행복

Nothing Happens Unless You Do Something

Chapter 5.
시간 관리

시간 관리가 인생을 좌우하는 4가지 이유

1. 시간의 절대량을 투입하면 성공의 속도가 다르다

시간의 핵심은 '시간이 얼마나 중요한가?'가 아니다. 지금 당장 시간의 절대량을 올바른 곳에 사용하기 시작해야 한다. 많은 사람이 어떤 일을 할 때 시간을 '적당히' 투자하고 결과를 보려 하지만, 사실 시간은 '꾸준함의 영역'이다. 많은 시간을 투자하면 할수록 일의 진행 속도가 빨라지고 선순환에 올라타게 된다.

시간은 누구에게나 똑같이 주어진다. 그리고 그것을 활용하는 것은 각자의 몫이다. 성공한 사람들은 이러한 시간의 속성을 이해해, 시간을 최대한 활용하고 관리한다. 시간이 성공을 좌우하기 때문이다. 과거의 시간은 현재의 나를 만들고, 현재의 나는 미래의 나를 만든다. 워런 버핏Warren Buffett이 "하루에 4시간 책을 읽어라"라고 말하고, 일론 머스크가 "일주일에 120시간 일해라"라고 말하는 이유는 성과를 내는 양이 성공의 속도에 영향을 미치기 때문이다. 이를 이뤄 내기 위해서는 많은 양의 시간을 투자하기로 결심해야 한다. 그리고 즉시 행동해야 한다. 시간 투자를 결심하고 실행하는 순간, 완전히 다른 미래가 펼쳐질 것이다.

2. 시간을 관리하면 버려지는 시간이 없다

부자들은 버리는 시간을 최소화하기 위해 노력한다. 월급을 제대로 관리하지 못하면 통장을 스치고 지나가는 것은 순식간이다. 그렇기에 대책 없이 월급을 쓰다 보면 얼마 가지 않아 라면도 먹지 못할 만큼 허덕이게 된다. 그리고 관리에 대한 개념이 없는 사람들은 다음 월급을 받게 되더라도 똑같은 실수를 반복한다. 시간은 돈과 비슷하다. 관리가 필요하고 똑똑하게 사용해야 한다. 부자들은 자신들의 시간을 잘 컨트롤하기 위해 노력하며, 버려지는 시간을 최소화하기 위해 애쓴다. 그리고 그런 노력은 남들보다 더 많은 시간과 기회를 얻게 만들어 준다.

하지만 가난한 사람들은 늘 그렇듯 시간 관리에 약하다. 월급이 통장을 스치고 지나간 사람들이 겪는 똑같은 소용돌이처럼 시간 또한 내키는 대로 써 버린다. 따라서 절대 시간 투입량에서도 부자들에게 밀릴 수밖에 없다. 이는 부자와 가난한 자들의 격차를 점점 더 크게 벌린다.

시간 관리에 대한 책을 한 권 정도 읽으면서 시간 활용을 위한 다이어리를 정리하자. 낭비하는 시간을 확인하자. 그동안 성장에 많은 시간을 쏟지 못했음을 인정하자. 오늘도 여전히 부자들은 수익을 늘리고 발전하는 일에 많은 시간을 사용하고 있다. 시간을 헛되게 쓰는 부자들은 없다. 시간을 어떻게 쓰냐에 따라 우리의 인생은 달라진다.

3. 시간 관리가 잘된 인생은 즐겁다

부자들의 건강한 공통점은 바로 현재 하는 일을 즐거워 한다는 점이다. 이들은 잘 관리된 시간 속에서 자신의 여가나 취미를 부담 없이 즐기며 일을 한다. 결국 시간이란 우리의 시계 속에 존재하는 것 이상의 의미이다. 잘 활용된 시간은 '나'를 위한 삶, 진정으로 즐거운 삶을 살 수 있게 만들어 준다. 시간 관리가 되지 않는 사람은 자신의 인생이 아니라 남에게 끌려다니는 인생을 살 수밖에 없다. 자신의 의지로 살아가는 것이 아니라 시간에 끌려다니는 것이다. 이것은 더 나아가 인생의 여러 순간에서도 '남의 의견', '남의 인생'을 사는 것과 같다.

나를 위해 사는 삶에서는 남의 생각이나 의견은 그리 중요하지 않다. 오히려 자신을 위해 타인을 대하는 사람은 타인의 시간에 끌려다니지 않는다. 자신의 잘 관리된 시간 속에서 타인을 위해 자신의 시간을 쓰는 것이다. 하지만 이 또한 관리된 시간의 일부이기에 결코 과하게 사용하지 않는다. 타인을 생각하는 마음은 긍정적인 마음에서 시작된 것이지만, 이것도 과하면 결국 자기 자신의 평가를 타인에게 양도하게 된다. 타인의 기준에 맞춰 사는 것보다 더 중요한 '나'와 나의 일, 내가 중요하게 생각하는 가치에 집중하고 시간을 쏟는 것이 결국 행복한 인생을 살기 위한 가장 중요한 핵심이다.

4. 중요하지 않은 일에 낭비하기가 너무 쉽다

성공하기 위해서는 시간 관리를 잘해야 한다. 습관적으로 걱정하는 것, 실수를 계속 곱씹는 것은 중요하지 않은 일에 시간 낭비를 하는 행동들이다. 우리가 잠들기 전 하는 생각 중 90%는 실제로 벌어지지 않을 일에 대한 걱정과 고민이라고 한다. 그리고 그런 걱정과 고민은 우리의 수면 시간을 빼앗고 다음 날 피로한 하루를 선사한다. 이 또한 악순환의 연속이 되는 것이다.

이와 반대로 시간을 아끼려다 오히려 낭비하는 경우도 있다. 예를 들면 좋아하는 일만 하려는 것, 장기적인 관점을 갖지 못하고 단기적으로만 생각하는 것 등은 성공을 가로막는 행동들이다. 좋아하는 일만 하며 인생을 살 수는 없다. 삶에는 좋은 일과 나쁜 일이 항상 공존하며, 오르막길이 있으면 내리막길도 있다는 사실을 잘 알아야 한다.

또한 단기적으로 생각하는 사람은 장기적인 고민을 하는 사람에 비해 당장의 속도는 빠를지 몰라도 결과적인 속도는 느릴 수밖에 없다. 단기만 바라보는 사람은 매 순간 인생의 퍼즐을 다시 맞추며 나아가야 하지만, 장기적인 계획까지 함께 고민한 사람은 자신이 그린 그림 안에서 퍼즐을 맞춰 가기 때문이다. 열심히 사는 건 시간을 마구잡이로 사용하라는 의미가 아니다. 열심히 사는 건 오히려 시간을 더욱 소중하게 여기는 태도임을 기억하기를 바란다. 한정된 시간 안에서 우선순위를 파악하고 시간 관리를 잘해야 한다.

부자들은 시간을 어떻게 사용하고 있을까

1. 효과적으로 아웃소싱하는 레버리지의 기술

롭 무어Rob Moore가 쓴 베스트셀러 《레버리지》에 따르면, 레버리지leverage란 1) 중요한 업무에 더욱 집중하며 2) 대체 가능한 업무는 아웃소싱한다는 의미이다. 부자들은 시간을 돈으로 살 수 없다는 사실을 잘 인지하고 있다. 따라서 누구에게나 공평하게 주어진 시간을 중요한 업무에 활용하기 위해 레버리지한다. 자기가 모르는 분야에 시간을 과하게 쏟아야 하는 경우 전문가를 고용하고, 자신의 시간은 내가 가장 잘하고 큰 효과를 낼 수 있는 분야에 사용하는 것이다. 그러다 보면 무의미한 시간을 일정에 넣는 일은 거의 없게 된다. 지금 당장 하루 동안의 내

일과를 적어 보자. 그러면 나의 생활 패턴을 이해할 수 있다. 중요한 것은 생산성과 연결될 수 있는 시간대를 제대로 파악하는 것이다. 그리고 덜 의미 있는 일은 가장 효율적인 방법을 찾아 아웃소싱하자. 부자들이 레버리지를 활용하여 항상 팀으로 일하는 이유가 여기에 있다.

2. 자기 발전에 시간을 투자한다

부자들은 가장 의미 있는 활동, 즉 자신을 한 단계 발전시키는 일에 많은 시간을 할애한다. 그렇기에 대다수의 부자가 독서에 많은 시간을 투자하는 것이다. 그들은 일상 속 잠깐의 휴식 시간을 모아 책을 읽는다. 독서는 이들의 가장 중요한 습관 중 하나다. 이들은 왜 이리도 독서에 집착을 하는 것일까? 독서는 부자들의 삶에 도대체 어떤 영향을 주는 것일까?

부자들은 배움의 힘을 알고 있다. 평생 배움에 끝이 없다고 생각하고 자신의 부족한 점을 조금이라도 더 채워 넣고 싶어 한다. 또한 부자들은 책에서 알게 된 지식이 자신의 일에 직간접적으로 영향을 미친다는 사실을 알고 있다. 이처럼 부자들은 대부분 자기 계발을 게을리하지 않고, 독서를 통해 자신의 인생을 끊임없이 발전시키고 성장시킨다. 결국 자기 계발을 게을리하지 않고 계속해서 배우고자 하는 사람들에게 성공이 다가오는 법이다.

그리고 부자들은 좋은 기회를 얻기 위해 좋은 습관을 만든다. 자신이 처한 환경을 탓하기보다 노력하며 행운을 만들어 나간다. 지식 수준이 맞는 사람끼리 일하고 싶어 하는 건 인간의 당연한 본능이고, 우리는 그런 사람을 '나와 결이 맞는 사람'이라 말하고는 한다. 심지어 오랜 독서로 성숙해진 사람들은 완전히 다른 성향의 사람도 포용력 있게 감쌀 수도 있다. 이것이 독서의 힘인 것이다. 이렇듯 독서를 통해 생산성 높은 삶을 사는 부자들은 계속 발전할 수밖에 없다.

3. 장기적 시야, 그리고 태도

부자들은 자신의 시간 관리 계획에 장기적인 계획을 항상 포함하고 있다. 우리는 보통 눈앞의 당장의 흥과 끌림, 또는 계획만 세우는 것에 익숙해져 있다. 이는 아마도 한국 사회의 '빨리빨리' 문화 때문에 벌어진 문제일 수도 있다. 눈앞의 상황에 대해서만 생각하면서 저 멀리 바라보지 않았던 시간을 지나왔기 때문일 것이다. 하지만 아무리 사회가 복잡해지고 빠르게 돌아가도 부자들은 시간 관리의 계획을 꼭 지킨다. 그들은 항상 멀리 바라보며 자신의 시간 계획을 지키기 위해 노력한다. 이러한 장기적 시각의 자세와 태도가 인생 전체를 좌우할 수밖에 없다. 단기적 시각을 지닌 사람은 늘 즉각적이고 눈에 당장 보이는 것만 좇는다. 이들의 미래는 뻔하다. 결국 1, 2년도 못 가 도태되고 만다.

그러나 멀리 보는 사람은 조급해하지 않는다. 모든 것은 하루아침에 만들어지지 않는다는 걸 알고, 시간이 걸려도 차분히 원하는 바를 이루고자 노력한다. 모든 것이 하루아침에 만들어지지 않는다는 사실을 명심하는 태도는 매우 중요하다. 당신이 가지고 있는 휴대폰, 컴퓨터, 나아가 지식 또한 결코 하루아침에 만들어지지 않는다. 이러한 삶의 태도가 없는 사람은 단순하게 내 눈앞에 갑자기 나타났기 때문에 만들어지는 과정은 생각하지 않고 이 모든 게 자연스럽게 생긴 것이라고 착각한다. 하지만 전혀 그렇지 않다.

그리고 많은 것을 이뤄 낸 부자들이 가지는 삶의 태도

또한 그러하다. 이들은 삶을 통제하는 능력이 뛰어나다. 리스크 또한 모두 계산된 행동이며, 인생의 구석구석을 이해하고 있다. 이들의 통제력은 시간 관리에도 잘 드러난다. 시간 안에 즉흥성을 최대한 줄이고 계획적으로 자신이 해야 할 것에 더욱 집중하는 것이다. 이러한 태도는 자신이 도달해야 하는 먼 미래의 계획을 완성하기 위한 걸음이다. 멀리 보며 준비한 사람과 당장 눈앞의 것에 시간을 투자한 사람의 차이는 동일한 세월이 흐른 미래에 도착했을 때 확연하게 드러난다.

부자들과 가난한 사람의 돈에 대한 인식 차이

1. 돈을 대하는 태도가 다르다

10년 전 누군가가 나에게 '돈을 대한다'라는 말을 했다면 나는 분명 당황했을 것이다. 돈은 그저 돈일 뿐 내가 어떻게 대해야 한다는 생각을 못 했을 테니 말이다. 그만큼 부자와 당시의 나 사이에는 커다란 간극이 있었다. 그러나 정신을 차리고 돈을 진중하게 대하자, 나는 돈을 보이지 않는 친구라는 존재로 인식하기 시작했다. 마치 학창 시절로 돌아간 것처럼 돈이라는 친구와 친해져야겠다고 생각했다. 돈이 좋아하는 모습, 돈이 좋아하는 말을 공부하고, 돈이 나를 발견할 수 있도록 안간힘을 썼다. 그렇게 돈에 대해 연구했다. 어린 시절에는 그 누구도 나에게 돈을 공부하여 돈과 친해져야 한다는 말을 하지 않았었다. 오히려 돈 이야기는 금기와 같이 꺼내기 어려웠고 말을 꺼내도 대화가 금세 끊기기 일쑤였다. 그것이 가난한 사람들의 사고방식이라는 사실을 깨달은 것은 오랜 시간이 지난 후였다. 돈을 원한다면 돈이 원하는 모습을 갖춰보자. 돈은 어떤 사람과 친하게 지내는가? 어쩌면 이 문제는 그간의 인생보다, 나의 전공보다 훨씬 중요한 문제일지도 모른다.

가난한 사람은 돈이 적으면 적은 대로, 많으면 많은 대로 가치를 부여한다. 자신이 가진 돈에 비례해서 상대적으로 작은 돈이면 하찮게 대하고, 큰돈이면 무조건 귀하게 대하는 것이다. 이들은 땅에 떨어진 100원을 줍기 위해 허리를 굽히지 않는다. 그러나 부자들은 돈을 대하는 마음가짐이 다르다. 그들에게는 단돈 100원이라도 돈이다. 하찮고 중요한 것이 따로 없다. 돈을 줍는 것이 부자가 되는 일에 얼마나 도움이 될까 생각하기보다 이것을 주워 나의 지갑을 채우는 것만 생각한다. 이것이 바로 부자가 가진 습관의 힘이다. 부자들은 돈에 대한 기본적인 마음가짐과 원칙이 세워져 있는 것이다.

2. 돈을 버는 방식이 다르다

가난한 사람들은 자신의 시간과 직접적인 노동을 투자해서 돈을 번다. 그러나 부자들은 짧은 시간 동안 부를 축적하기 위해서 내가 일하지 않는 시간에도 돈을 벌 수 있는 시스템을 만들어 낸다.

가난한 사람들은 돈을 벌기 위해 무언가를 준비할 때 완벽함을 추구하며 시간을 많이 보낸다. 그러나 부자들은 일단 뛰어든다. 생각을 빠르게 행동에 옮기는 것이다. 그렇게 부자들은 다른 사람들을 끌어당기는 아이디어를 떠올리면 이와 관련된 사업을 시작해 본다. 사실 부자들의 이러한 태도가 가능한 이유는 그동안 쌓아 둔 데이터가 충분하기 때문이다. 초반에는 분명 같은 사람일지라도 부자보다 가난한 사람이 돈을 더 많이 벌었을 가능성이 높다. 자신의 시간과 직접적인 노동의 투자는 단기간에 돈을 벌기에는 굉장히 효율적인 방법이기 때문이다. 그리고 부자들은 실패를 통해 여러 데이터와 경험을 쌓기 때문에 처음에는 가난한 사람들과 별반 차이가 없는 돈을 번다. 하지만 이 두 집단에서 변화가 일어나는 시기는 부자들의 데이터가 더 많이 쌓이기 시작하면서이다.

데이터가 쌓이면서 부자들은 단기간에 뛰어들어 문제를 해결하고, 어디에 전문가가 필요하며 어디에는 자신이 손을 대야 하는지 명확히 알게 되는 것이다. 그리고 그동안의 실패를 통해 쌓은 데이터를 적극 활용해 빠른 결정을 내릴 수 있다. 결국 단기간에 더 많은 돈을 버는 사람과 장기간에 돈을 많이 버는 사람의 차이는 여기서 발생한다.

3. 돈을 다루는 기술을 따로 배운다

가난한 사람들은 돈을 소유의 수단으로 생각한다. 그래서 갖고 싶은 것을 사는 데 돈을 쓴다. 예를 들어 돈이 생겼을 때 평소 사고 싶었던 옷을 사거나 맛있는 밥을 먹는 것은 그들에게 매우 당연한 일이다. 그러나 부자들은 물건이 가진 가치를 먼저 본다. 그래서 돈의 흐름을 보며 물건의 가치가 오를 것이라 판단할 때 돈을 쓴다. 그리고 단순히 일회성으로 소모되는 물건에 많은 돈을 쓰는 일은 최대한 자제하려고 노력한다.

주식과 투자, 펀드만으로 성공하는 부자들은 드물다. 그보다 먼저 내가 돈을 어떻게 다루고 있는지 살펴보는 것이 중요하다. 부자들은 돈의 본질을 이해하고 돈에 지배당하지 않는다. 돈을 다루는 기술을 배우기 때문이다. 돈을 다루는 능력은 무언가를 기획하고 실행한 후의 경험을 통해 기를 수 있다. 그것이 실패하더라도 그 안에서 얻을 수 있는 것이 있다. 이후에 성공하기 위한 밑거름이 되기 때문이다.

4. 남의 돈도 함부로 대하지 않는다

부자들은 결코 남의 돈을 함부로 대하지 않는다. 자신의 돈은 아끼면서 남의 돈은 함부로 쓰는 사람들이 있다. 이러한 사람들이 과연 돈을 소중하게 대하는 사람일까? 그렇지 않다. 부자들은 돈을 하나의 인격체로 소중히 대한다. 그래서 누구의 돈이든 다 소중하게 다뤄야 한다고 생각한다. 만약 당신이 강아지를 좋아한다면 당신은 당신이 직접 키우는 강아지 말고도 산책하다 발견한 다른 강아지들도 좋아할 것이다. 내 강아지가 너무 귀여운데 남의 강아지는 그냥 단순한 생물체에 불과하다 생각하지는 않는다. 그것과 마찬가지다. 자기 것이 소중한 줄 알면 당연히 남의 것도 소중한 줄 아는 것이다.

하지만 가난한 사람들은 돈을 탐하고 그것을 소유하려 들다가 돈의 노예가 된다. 돈을 소중히 여기지 않기 때문에 결국 끌려다니게 된다. 그리고 부자들을 비난하는 것에만 집중한다. 종종 인격의 문제로 돈의 노예가 되어 있는 부자들을 만날 수도 있다. 하지만 그런 태도를 보이는 사람들이 부자들 전부라 생각해서는 안 된다. 그들은 그저 그런 성향을 지닌 한 개인일 뿐이며, 그런 사람은 존중받지 못한다. 실제로 많은 부자가 돈의 노예가 아니라 돈의 친구이고, 자신의 돈이 소중하듯 남의 돈도 소중하게 생각한다.

빠르게
성장하는 사람의
5가지 특징

1. 상황을 빠르게 돌파해 낸다

빠르게 성장하는 사람들은 어려운 일이 닥쳐도 그것을 빠르게 돌파하고 성취해 낸다. 그리고 무서운 행동력과 치밀한 계산력을 갖고 움직인다. 이들은 복권에 당첨되기를 바라는 마인드 대신 실천하는 마인드를 가진다.

실천할 수 있는 힘이 곧 경쟁력인 시대이다. 성취를 위해서는 반드시 실행이 필요하다. 아이디어나 계획을 실천하는 작은 실행이 성공을 부른다. 이러한 마인드셋은 빠르게 성장하는 사람이 가진 가장 첫 번째 특징이다. 이들은 자신의 목표나 주어진 과제를 구체적으로 세분화하여 관리하고 실행한다. 빠른 추진력을 얻을 수 있기 때문이다. 또한 해야 할 일을 미루지 않게 되고 원하는 결과를 빠르게 얻을 수 있다.

2. 초기 단계 작업을 즐긴다

빠르게 성장하는 사람들은 자신이 세운 계획의 초기 단계 작업을 탄탄히 만드는 작업을 중요하게 여긴다. 그리고 이 과정을 즐긴다.

성장하고 싶고, 성공하고 싶은 사람은 가장 먼저 목표를 설정한다. 올바른 목표를 설정하는 단계는 다음과 같다. 먼저 달성하고 싶은 목표를 여러 개 적어 보고, 그중 하나를 정한다. 그리고 그 목표 달성을 위한 3가지 액션을 적는다. 목표를 너무 높이 잡지는 않도록 한다. 그리고 애매하지 않게 숫자로 적는다. 데드라인을 기간별로 설정한다. 나에게 맞는 목표관리법을 고안해서 활용하는 것도 좋다. 자신이 설정한 방향으로 매일 달리는 것이 중요하다.

3. 필요 없는 일을 하지 않는다

성장하고 싶은 사람들의 대다수는 새로운 기회를 탐

구한다. 그러나 해야 하는 일이 많아지면 큰 목표를 이루기 위한 세부 계획이 복잡해지면서 전체 업무의 효율이 저하된다. 처음에는 계획대로 잘되는 것처럼 보일지라도 시간이 지날수록 얻을 수 있는 효과는 떨어지는 것이다.

따라서 목표에 따른 선택과 집중을 통해 일의 효율성을 높여야 한다. 선택과 집중을 잘하면 성장은 물론 다른 곳에 다시 투자할 수 있는 힘이 만들어진다. 성장은 많이 하느냐의 문제가 아니라 잘할 수 있느냐의 문제이다. 예를 들어 이익률이 높은 일과 낮은 일이 있다면 더 높은 일에 집중하여야 한다는 것이다.

4. 모든 패를 보이지 않고 결과로 말한다

자신이 쥐고 있는 패를 모두 보여 주며 일하는 사람이 있다. 그 패는 자신의 능력치를 보여 주기도 하지만 한계점을 보여 주기도 한다. 따라서 이를 남들에게 보여 줌으로써 자신이 얻는 것은 그다지 없다. 손해를 볼 뿐이다. 그리고 사람들은 남의 패를 다 보고 싶어 하지 않는다. 원하는 패를 적시에 보고 싶어 할 뿐이다.

빠르게 성장하는 사람들은 모든 패를 보여 주지 않는

다. 그럴 시간에 자신의 목표를 향해 나아가고, 어려운 일을 만나도 빠르게 돌파해 나간다. 이들은 결과로 모든 것을 보여 준다. 자신의 패를 보여 주지 않고 결과를 통해 자신의 성장치를 보여 주는 것이다.

5. 함께 더 큰 성과를 만들어 낸다

혼자만의 시간을 갖는 것은 주변을 환기하고 무언가에 집중하는 데 도움이 된다. 내면을 들여다보고 성찰할 수 있는 시간을 제공하는 것이다. 그러나 혼자 일하는 것은 다르다. 모든 사람은 혼자 일할 수 없다. 뛰어나다고 불리는 사람들 또한 모두 다른 이들의 도움을 받거나 함께 일한다.

그렇기 때문에 지금 내가 누구와 함께하는지 살펴보는 것이 중요하다. 우리 곁에는 성장하기 위해 노력하는 사람들이 많다. 그리고 그들과 함께 일하며 성장하는 것이 내가 빠르게 성장하는 데 도움이 된다.

성공하는 사람들은 전략적이고 똑똑하게 쉬고 있다

1. 내가 생각하는 쉼 vs 진짜 나에게 필요한 쉼

빌 게이츠도 집에서 넷플릭스를 보고 있을까? 워런 버핏도 침대에 누워서 휴대폰 게임을 하고 있을까? 그렇지 않다는 것을 나를 비롯한 많은 사람이 알 것이다. 왜 우리는 그들과 다른 종류의 휴식을 하고 있는 걸까? 돈이 없어서? 아니다. 휴식의 개념이 다르기 때문이다.

사람들은 휴식과 쉼에 대해 깊게 생각하지 않는다. 아니, 성공한 사람들의 휴식과 쉼에 대해 연구하지 않는다. 평범한 사람들은 늘 하던 대로 쉰다. 매일 비슷한 옷을 입고 출근하는 것처럼 말이다. 하지만 이제부터는 성공한 사람들의 방식대로 쉬어 보기를 권한다.

성공한 사람들은 '똑똑하게' 쉬고 있다. 똑똑하게 쉰다는 것은 실제로 휴식을 취하는 활동이 정신과 뇌와 몸에 쉼을 제공하고 있다는 뜻이다. 똑똑한 휴식은 때로 내가 선호하는 방식이 아닐 수도 있다. 가만히 있는 게 지겨운 나에게 필요한 활동이 명상일 수도 있다는 것이다. 성공한 사람들이 자신의 취향을 잠시 내려 두고 진정한 쉼을 찾는 이유는 간단하다. 올바른 쉼을 통해 하루의 활력을 찾을 수 있기 때문이다. 모든 인간에게는 쉼이 필요하다. 그리고 누군가 대신 잠을 자 줄 수도 대신 밥을 먹어 줄 수도 없다. 직접 해야 한다.

따라서 성공하고 싶은 마음이 있다면 이제부터는 목표 달성을 위한 똑똑한 휴식에 대해서 고민해 볼 필요가 있다. 나에게 정말 필요한 휴식은 무엇인가? 고요함인가? 혼자 있는 시간인가? 가족과 함께하는 시간인가? 진정한 휴식을 취하게 되면 마음이 개운해지고 인생을 다시 살아 볼 용기가 생긴다. 정신을 더욱 지치게 만들고 의욕을 빼앗아 버리는 활동은 진정한 휴식이 아니다.

2. 노는 것은 여가 생활이 아니다

여가 생활과 노는 것은 둘 다 열심히 일한 데 대한 보상이긴 하지만 둘은 서로 상반된 개념을 가지고 있다. 노는 것은 소모적이지만 여가 생활은 생산적이다. 놀고 나면 피곤하지만 여가 생활은 피곤함 끝에 숙면이 있다. 주변을 돌아보면 아마 쉰다고 하면서 노는 사람들을 쉽게 찾을 수 있을 것이다. 그들은 여행을 간다고 하지만 가서는 술을 마시며 주말을 탕진한다. 친구를 만난다고 하지만 나가서 다른 사람의 험담을 실컷 하고 온다.

성공한 사람들은 머리를 비운다는 핑계를 대며 그런 비생산적인 활동을 하지 않는다. 인생을 올바르게 세우고 차곡차곡 블록을 쌓아 나가기에 바쁘다. 누구에게 핑계를 댈 필요도 없다. 나와 남에게 진실하다. 혹시 여가 생활이라는 핑계로 놀고 있지는 않은가? 그러고는 "나는 그래도 열심히 살고 있어"라고 말하며 자신을 속이고 있지 않은지 묻고 싶다. 물론 완벽할 수는 없지만, 그럼에도 우리에게는 지쳐 있는 몸과 마음을 우린 의식적으로 돌봐 줄 의무가 있음을 잊지 말기 바란다.

3. 좋은 사람과 여가 시간을 함께한다

연구에 의하면 혼자일 때보다 함께일 때 여가 시간에서 많은 에너지를 얻을 수 있다고 한다. 어떤 전문가는 적어도 일주일에 3시간 이상 5가지의 활동을 만들어 여가 '파트너'와 함께 시간을 보내도록 권장하고 있다. 왜 그럴까? 혼자 하는 쉼과 함께하는 쉼이 구분되어 있기 때문이다.

휴식과 쉼은 누워서 휴대폰을 보고 게임을 하는 활동이 아니다. 올바른 여가는 함께하는 활동을 통해 사회적 네트워크를 만들기도 하고, 자기를 성장시키기도 한다. 즉, 여가는 단순한 자유시간이 아니다. 우리의 일상생활의 가운데 이미 존재했으나 이제 의식적으로 활용해야 하는 해소의 활동이다. 모두에게 모든 이야기를 할 수 없듯이, 함께하는 여가도 마찬가지이다. 혼자 얻어야 하는 쉼이 있고 함께 얻어야 하는 쉼이 있다. 여가 시간을 함께 보내면서 같이 성장할 사람을 떠올려 보자. 그동안 혼자만의 쉼을 고집했다면 함께할 수 있는 활동을 주위 사람에게 먼저 제안해 보면 어떨까? 분명 이전에 없던 색다른 느낌을 경험할 수 있을 것이다.

4. 목표 달성을 위해 여가 시간과 쉼을 활용한다

처음 들어간 회사에서 어느 날 인사부장님이 나를 불러 회사에서 인정받는 법에 대해 알려 주셨다. 그분은 나에게 이렇게 말했다. 단순히 시간을 많이 투자하는 것이 일을 잘하기 위한 방법이 아니라고, 업무에서 탁월한 퍼포먼스를 내고 싶고 일을 잘하고 싶다면 휴식과 쉼도 적절히 균형을 맞춰야 한다고. 물론 그 당시 나는 아직 사회초년생에 불과했고 회사에 긴 시간을 바칠 마음이 없었다.

그렇게 몇 년이 지나, 내 사업을 시작하고 삶을 주도적으로 살기 시작했다. 그리고 성공하는 사람들이 왜 쉼과 여가 시간을 전략적으로 운영하는지 이해하게 되었다. 실제 업무에서 탁월한 퍼포먼스를 내기 위해서는 양질의 휴식과 쉼이 필수였던 것이다.

성공하는 사람들은 업무와 성과에 집중한다. 그들이 하루에 10시간 넘는 시간을 일에 할애하는 것을 보면 자연히 알 수 있다. 그런 사람에게는 인생의 목표가 있고, 바라는 삶이 있고, 바라는 라이프 스타일이 있다. 그렇기에 노는 시간을 희생하면서 일하는 것이다. 에너지가 무한정으로 솟아나고 피곤하지 않다면 아마 그들은 쉴 새없이 일할지도 모른다.

  성공하길 원하는가? 그렇다면 나의 미래를 바꿔 줄 수 있는 멋진 삶에 집중하고, 휴식과 쉼을 전략적으로 취하자. 단순히 노는 것을 말하는 게 아니다. 뇌가 지쳤을 때는 뇌에 휴식을 주고, 몸이 지쳤을 때는 몸에 휴식을 주며, 마음이 답답할 때는 다른 활동으로 삶을 이완해 주는 것이다. 정신도 근육처럼 뭉칠 수 있다. 정확한 곳을 풀어 줘야 시원한 법이다.

시간 관리 워크시트

바쁨 대신
의미로 시간을 채우는 연습

1. 자가 진단 질문: 나는 시간을 주도적으로 사용하고 있는가?

- 오늘 하루 24시간을 잘 배분해서 썼다는 느낌이 있는가?
- 긴박하게 산 하루, 진짜 중요한 일에 모두 쓰였다고 느끼는가?
- '해야 하는 일'만 하다 보면, 정작 '원하는 일'이 미뤄지곤 하는가?
- "시간이 없다"라는 말을 자주 한다면, 무엇에 시간을 썼는지는 기억하고 있는가?
- 나의 시간은 내가 중요하게 생각하는 가치 기준에 맞게 배분되고 있는가?

2. 나를 지치게 하는 시간에 대한 5가지 착각

- 바쁜 것이 곧 열심히 사는 것이라 생각한다
- 내 시간이지만, 대부분 타인의 요청이나 외부 일정에 끌려다닌다
- 휴식은 미루고, 일은 당기며 산다
- 계획은 세우지만, 스스로 어기는 데 이미 익숙해졌다
- 하루의 끝에는 '뭔가 허무하다'라는 생각이 든다

3. 시간을 잘 쓰는 사람들의 기준

- 우선순위를 '급한 일'이 아닌 '중요한 일'로 재정렬한다

- 몰입과 집중은 재능이 아니라 '환경 설정과 선택'의 결과임을 안다

- 자기 계발 활동에 시간을 아낌없이 투자한다

- 일과 삶의 리듬을 관리하는 사람은, 결국 자기 인생을 설계하는 사람임을 안다

- 나에게 진정으로 필요한 휴식의 종류를 알고 이를 적극적으로 실천한다

4. 실천 과제: 하루를 '바쁨'이 아닌 '집중'으로 채우는 연습

- 오늘 내 시간을 가장 많이 쓴 3가지 활동을 기록해 보기

- 가장 에너지가 높은 시간대에, 내가 하고 싶은 일 시도하고 기록해 보기

- 하루의 시작 전, '오늘 내가 반드시 끝내고 싶은 일' 적기

- SNS, 알림, 루틴 등 나의 주의력을 분산시키는 요인을 적어 보기

5. 마무리 성찰 질문

- 나는 오늘 나의 시간을 어떤 감정으로 마무리하고 싶은가?

- 바쁜 하루 중, 제일 가치 있었던 1시간을 꼽아 본다면?

아무것도 하지 않으면 아무것도 달라지지 않는다

초판 1쇄 발행일 2022년 7월 3일
개정증보판 1쇄 발행일 2025년 8월 27일

지은이 고윤(페이서스 코리아)

편집 이정
디자인 디스커버 신현경
책임마케팅 최혜령, 박지수, 도우리
마케팅 콘텐츠IP사업본부
경영지원 백선희, 권영환, 이기경, 최민선
제작 재영P&B

펴낸이 서현동
펴낸곳 ㈜오팬하우스
출판등록 2024년 5월 16일 제2024-000141호
주소 서울특별시 강남구 테헤란로 419, 11층 (삼성동, 강남파이낸스플라자)
이메일 info@ofh.co.kr

ⓒ 고윤(페이서스 코리아) 2022
ISBN 979-11-94930-92-1 (03190)

- 큰숲은 ㈜오팬하우스의 출판브랜드입니다.
- 이 책은 저작권법에 따라 보호받는 저작물이므로 무단전재와 무단복제를 금지하며, 이 책 내용의 전부 또는 일부를 이용하려면 반드시 저작권자와 ㈜오팬하우스의 서면동의를 받아야 합니다.
- 책값은 뒤표지에 표시되어 있습니다.
- 잘못된 책은 구입하신 서점에서 바꿔드립니다.